MULTA E PRISÃO CIVIL

O *Contempt of Court* no Direito Brasileiro

C331m Carvalho, Fabiano Aita.
       Multa e prisão civil: o Contempt of Court no direito brasileiro / Fabiano
   Aita Carvalho. – Porto Alegre: Livraria do Advogado Editora, 2012.
       104 p.; 23 cm. – (Temas de direito processual civil ; 3)
       Inclui bibliografia.
       ISBN 978-85-7348-811-1

       1. Processo civil – Brasil. 2. Desacato. 3. Multa (Direito). 4. Prisão civil.
   5. Direitos fundamentais. I. Título. II. Série.

                              CDU 343.369(81)
                              CDD 341.559

       Índice para catálogo sistemático:
       1. Desrespeito ao tribunal: Brasil   343.369(81)

(Bibliotecária responsável: Sabrina Leal Araujo – CRB 10/1507)

Temas de Direito Processual Civil **3**

Fabiano Aita Carvalho

MULTA E PRISÃO CIVIL

O *Contempt of Court* no Direito Brasileiro

Porto Alegre, 2012

Coleção
Temas de Direito Processual Civil

Coordenadores
Daniel Mitidiero
José Maria Rosa Tesheiner
Sérgio Gilberto Porto
Elaine Harzheim Macedo

© Fabiano Aita Carvalho, 2012

Projeto gráfico e diagramação
Livraria do Advogado Editora

Revisão
Rosane Marques Borba

Direitos desta edição reservados por
Livraria do Advogado Editora Ltda.
Rua Riachuelo, 1338
90010-273 Porto Alegre RS
Fone/fax: 0800-51-7522
editora@livrariadoadvogado.com.br
www.doadvogado.com.br

Impresso no Brasil / Printed in Brazil

Dedico este trabalho a minha esposa, Ana Luiza, que com seu amor incondicional sempre esteve ao meu lado, mesmo nos momentos em que me fiz ausente ou não pude dar a merecida atenção.

Agradecimento

A minha esposa, que sempre acreditou no nosso amor, ainda que por vezes eu tenha lhe negado parcela significativa do meu tempo para confecção desta dissertação, justo no ano do nosso casamento. Não há palavras que consigam descrever todo o amor, admiração e gratidão.

Aos meus amigos, em especial o Marcelo Lima Bertuol, por todo o incentivo e ajuda que forneceu para concretização deste trabalho.

A minha família, que soube dar o suporte necessário nos momentos mais difíceis, compreendendo a minha ausência e, por vezes, meu mau humor.

Ao Prof. Dr. Araken de Assis, por ter originalmente concebido a ideia do presente trabalho, bem como pelos diversos momentos de discussão e ensinamentos.

A PUC-RS, pelo engrandecimento da minha formação através de um curso de excelência reconhecida, cujo corpo docente, pela sua qualidade, dispensa apresentações.

À funcionária Caren Andrea Klinger, por sua dedicação, competência e carinho com que trata os mestrandos.

Aos meus sócios no escritório Cabanellos Schuh, que em todo o momento me apoiaram nesta jornada, ainda que tenha representado a minha ausência do escritório por alguns períodos.

Ao meu estimado orientador, Prof. Dr. Sérgio Gilberto Porto, pelo tempo em que esteve disponível, pelos ensinamentos, suporte e acolhida, sem os quais certamente não seria possível a elaboração deste trabalho.

Prefácio

O direito é uma ciência envolvente por incontáveis motivos. Um deles, sem dúvida, é que sempre permite, em torno de seus variados institutos, novas compreensões, pois possível descobrir a qualquer tempo utilidade jurídica ainda não imaginada ou projeção não cogitada para figuras já conhecidas. A reflexão, a releitura e a revisita são da essência do aperfeiçoamento do direito, como forma de atualização social da compreensão da ordem jurídica.

O presente trabalho nasce da pena talentosa de Fabiano Aita Carvalho e atesta a procedência da assertiva supra, pois seu autor apresenta o conhecido instituto do *contempt of court* como forma de coerção para a realização de direitos, ou seja, propõe a prisão civil como meio executivo para além daquelas hipóteses expressamente admitidas pela Constituição Federal.

Induvidosamente o combativo advogado Fabiano Aita Carvalho, reunindo a experiência de operador a reflexão de jurista, ilumina leitura apenas timidamente feita – aqui ou ali – pela doutrina, apontando para o instituto utilidade até a presente quadra da história pouco cogitada e, mais do que isto, demonstra claramente a procedência de sua proposta, pois aponta a abertura dos meios executivos existente no artigo 461, § 5º, do Código de Processo Civil como suporte legal de sua argumentação.

Para demonstrar a procedência de sua instigante conclusão, realizou eficiente pesquisa em torno do instituto do *contempt of court*, passando pelos requisitos de sua aplicabilidade e espécies existentes, bem como destaca os desdobramentos do instituto no cenário brasileiro coetâneo.

Utiliza como ponto de partida, para se contrapor com vigor a doutrina ortodoxa, o perspicaz argumento de que a Constituição veda expressamente apenas a prisão civil por dívida e, por decorrência, em construção hermenêutica sistêmica, destaca que não por outros fundamentos.

Assinala, de outro lado, que é dever do Estado garantir o direito fundamental de tutela jurídica efetiva.

Assim, através de inteligente argumentação demonstra que não estando a prisão civil genericamente vedada e, modo simultâneo, havendo o dever de outorgar tutela jurídica efetiva, nada obsta a prisão por desrespeito a ordem da corte, circunstância que afasta, em definitivo, o dogma da tipicidade dos meios executivos e amplia o leque de atuação dos modos de coerção.

Diante da possibilidade jurídica grifada, em tempos de efetividade questionada, é trabalho de leitura obrigatória para a comunidade jurídica, sendo peça chave na busca de soluções para a área de ineficiência da atuação da jurisdição.

Porto Alegre, outono de 2012.

Prof. Dr. Sérgio Gilberto Porto

Sumário

Introdução..13

1. Apresentação do instituto do *contempt of court*................................17

  1.1. Origem e evolução do *contempt of court*................................18

  1.2. Conceito..20

  1.3. Espécies..24

      1.3.1. *Contempt* direto..25

      1.3.2. *Contempt* indireto..25

      1.3.3. *Contempt* civil..26

      1.3.4. *Contempt* criminal..27

  1.4. Requisitos de aplicação..28

  1.5. Sanções..30

      1.5.1. Prisão..30

      1.5.2. Multa..32

      1.5.3. Perda dos direitos processuais................................32

      1.5.4. Sequestro..33

2. O atual cenário do *contempt of court* no direito brasileiro................35

  2.1. Introdução do *contempt of court* na legislação nacional................35

  2.2. Espécies..39

  2.3. Requisitos para aplicação do *contempt of court*................................41

      2.3.1. Requisitos objetivos..41

      2.3.2. Requisitos subjetivos..42

  2.4. Hipóteses de cabimento..43

      2.4.1. Descumprimento dos provimentos mandamentais................44

      2.4.2. Embaraços à efetivação dos provimentos judiciais................45

  2.5. Sanção..46

3. Meios coercitivos admitidos no direito brasileiro................................49

  3.1. Coerção patrimonial..49

      3.1.1. Da origem das *astreintes*..50

      3.1.2. Conceito e natureza jurídica das *astreintes*................51

      3.1.3. Hipóteses de cabimento..53

      3.1.4. Procedimento..53

      3.1.5. Atitudes do executado..57

  3.2. Coerção pessoal..60

3.2.1. Conceito de prisão civil...60
3.2.2. Natureza jurídica...61
3.2.3. Origens históricas da prisão civil...62
3.2.4. Hipóteses de cabimento...65

4. Admissibilidade da prisão por *contempt of court* no Brasil como meio de coerção........73

4.1. Conflito de princípios..74
4.1.1. Os direitos fundamentais na CF/88...75
4.1.2. O pacto de San José da Costa Rica e o direito fundamental à tutela jurídica efetiva....78
4.1.3. O direito fundamental à liberdade e a prisão civil por *contempt of court*...................82
4.1.4. A dignidade da pessoa humana..86
4.2. Posição da jurisprudência..90
4.3. (In)viabilidade da aplicação do *contempt of court* como forma de execução indireta – abertura dos meios executivos do artigo 461, § 5º, do CPC..92

Conclusão...97

Referências..101

Introdução

Muito tem atormentado os estudiosos do Direito o espinhoso tema da efetividade do processo por meio da concessão ao litigante da tutela específica pretendida na ação. Tal preocupação, por certo, intensifica-se quando envolve a necessidade de alteração no mundo dos fatos, em situação em que é necessária a existência de elemento volitivo do devedor para cumprimento de determinada obrigação, como, por exemplo, a de caráter infungível.

Originariamente, a execução era privada, de sorte que ao credor era facultado utilizar severas medidas de coerção pessoal contra o devedor como forma de obtenção da tutela pretendida. Respondia o executado não com os seus bens, mas com o seu corpo.

Com o passar dos anos e por influência das ideias liberais, bem dizer após o advento da Revolução de 1789, passaram a não ser mais toleradas medidas de coerção pessoal extremas para satisfação do exequente, salvo hipóteses especialíssimas, como, no Brasil, a execução de alimentos, na qual é tolerada a prisão civil do devedor sob específicas circunstâncias.

Optou o legislador pátrio, sob influência dos ideais iluministas, por expungir do sistema jurídico brasileiro qualquer espécie de coerção pessoal diversa das hipóteses excetuadas na Constituição. Sendo assim, adotou como forma de realização da tutela específica, principalmente nas obrigações infungíveis, a técnica executiva da coerção patrimonial, nascida na França com o sistema das *astreintes*.

Não obstante tal espécie, o que se tem visto é, não raras vezes, a frustração do direito específico face à recalcitrância do devedor no atendimento dos mandamentos emitidos pelo juízo. Como a coerção atinge somente o patrimônio, aquele devedor desprovido de bens materiais que tem contra si exarada ordem judicial acaba por fazer pouco caso, visto que mínima ou nenhuma consequência enfrentará em razão do seu ato de desprezo.

Entretanto, nem todos os sistemas jurídicos adotaram a técnica executiva das *astreintes* como única forma de satisfação da tutela jurisdicional. Mas existem países que, por especificidades históricas, protegem sobremaneira o poder e a autoridade dos seus juízes, permitindo, inclusive, que ordenem a prisão de quem os desafia.

Sobreleva em importância, neste contexto, o instituto do *contempt of court*. Trata-se de medida utilizada nos países cujo sistema jurídico é o da *common law,* que consiste em "punir" aquele que age com desrespeito à corte, sendo possível, inclusive, a utilização da coerção pessoal (prisão civil) do devedor recalcitrante. Salienta-se, desde já, que não se trata da prisão por dívida, mas pelo desrespeito a uma norma exarada por juiz regularmente investido.

O que se pretendeu investigar com o presente trabalho é a possibilidade ou não da utilização do instituto do *contempt of court* na realidade brasileira para efetivação de direitos. Ainda, se o § 5º do artigo 461 do Código de Processo Civil, confere ao juiz poderes de utilização da prisão civil por *contempt of court* como técnica executiva e se, por meio de ponderação dos direitos fundamentais atingidos pela medida, é possível a sua aplicação.

A metodologia aqui experimentada para o desenvolvimento deste trabalho foi a dedutiva, por meio da análise de doutrina nacional e estrangeira, bem como da recente jurisprudência existente em relação ao problema social, aqui, enfrentado.

O trabalho teve como base teórica algumas obras conhecidas e de relevante importância na doutrina brasileira e estrangeira. Podemos citar alguns exemplos, como *Teoría de los Derechos Fundamentales*, de Robert Alexy, *Elementos para uma Compreensão Constitucionalmente Adequada dos Direitos Fundamentais*, de Heloisa Helena Nascimento Rocha, *A eficácia dos Direitos Fundamentais* – Uma Teoria Geral dos Direitos Fundamentais na Perspectiva Constitucional, de Ingo Wolfgang Sarlet, *Contempt of Court, Correciones disciplinares y medios de apremios*, de Roberto Molina Pasquel, *Efetividade do Processo e a Tutela Antecipada*, de Luiz Guilherme Marinoni, *O Contempt of Court no Direito Brasileiro*, de Araken de Assis.

Para o melhor desenvolvimento, compreensão e abordagem do tema deste estudo, qual seja, o *contempt of court* como meio coercitivo para efetivação de direitos, o trabalho foi desenvolvido em quatro capítulos.

Inicialmente, no primeiro capítulo, tratamos de apresentar o *contempt of court*. Abordamos a origem e evolução histórica do instituto, bem como seu conceito, espécies e requisitos de aplicação. Também, neste capítulo, adentramos nas espécies de sanção utilizadas na experiência dos países da *common law,* especificamente a prisão, a multa, a perda dos direitos processuais e o sequestro.

Analisados os aspectos gerais do *contempt,* no segundo capítulo, foi abordado o atual cenário do referido instituto no Direito brasileiro. Primeiramente, demonstramos como se deu a inserção deste na legislação nacional. A seguir, discorremos sobre as espécies de *contempt* utilizadas em território brasileiro, bem como os seus requisitos de aplicação (subjetivos e objetivos) e hipóteses de cabimento.

No terceiro capítulo, analisamos os meios coercitivos admitidos no Direito brasileiro. Iniciamos a abordagem pela técnica da coerção patrimonial, fazendo amplo apanhado acerca das *astreintes,* tratando desde seu conceito, hipóteses de cabimento, procedimento, até as atitudes que pode tomar o executado. Após, analisamos a técnica da coerção pessoal. Apresentamos o conceito de prisão civil, sua natureza jurídica, origens históricas e hipóteses de cabimento.

Por fim, no quarto capítulo, aplicamos os conceitos e assuntos abordados nos capítulos anteriores e adentramos na admissibilidade da prisão por *contempt of court* no Direito brasileiro como meio de efetivação de direitos. Primeiramente, fizemos o cotejo dos diversos princípios que por ventura possam entrar em conflito na aplicação do instituto. Para tanto, tratamos da dignidade da pessoa humana, do direito fundamental à liberdade em contraposição à prisão por *contempt*, além do direito fundamental à tutela efetiva em conflito com as disposições do Pacto de San José da Costa Rica. Ao final, demonstramos a posição da jurisprudência sobre o tema, bem como concluimos acerca da viabilidade ou não da aplicação do *contempt of court* como forma de execução indireta, por meio da abertura dos meios executivos do artigo 461, § 5º, do CPC.

Assim, analisados os elementos de cada capítulo, o objetivo central deste estudo, a possibilidade de aplicação da prisão civil por *contempt of court* como forma de efetivação do direito, estará trabalhado e caberá, da análise de cada um, adotar um posicionamento com relação a este tão debatido tema.

1. Apresentação do instituto do *contempt of court*

O *contempt of court*, medida consagrada nos sistemas jurídicos da *common law*, é, nos dias de hoje, importante ferramenta utilizada pelas cortes para manutenção de sua respeitabilidade e, por que não dizer, imposição da sua autoridade. Trata-se, em verdade, de excelente meio de concretização da tutela específica, quando reconhecido para este fim, também sendo utilizada como medida pedagógico-punitiva.

Em que pese muitos atribuam o seu surgimento ao direito inglês, o fato é que sua utilização está disseminada também para os demais países da *common law*, tal como os Estados Unidos da América. A referência ao direito estadunidense justifica-se pelo fato de, neste sistema, ainda que por inspiração inglesa, o instituto ter se mostrado de grande importância e utilização.

Há que ser registrado, ainda, que nos Estados Unidos da América, com muito mais precisão, legislou-se sobre a matéria. Tanto é verdade que, já em 1789, por meio do *judicial act*, foi reconhecido o poder de qualquer tribunal fazer valer a sua autoridade, aplicando as sanções cabíveis àqueles que a desafiassem. Posteriormente, em 1821, os *statutes* que previam o *contempt of court* foram reeditados com a finalidade de eliminar qualquer incerteza, sendo que até hoje se utiliza do instituto com fundamento na legislação de 1821.

Portanto, ainda que o *contempt* contenha larga aplicação também em diversos outros países cujo sistema jurídico seja o da *common law*, como a própria Inglaterra, na qual se diz que o *contempt* existe desde a "lei da terra", sendo poder inerente a qualquer corte, o instituto será abordado neste trabalho com viés no direito estadunidense. Tal explica-se, principalmente, pela maior sistematização com que o tema é tratado na legislação estadunidense, sendo que alguns de seus estados possuem normas específicas com previsão do *contempt of court* e o procedimento a ser adotado para o seu reconhecimento.

No entanto, apesar da opção por enfocar o tema com base na sua aplicação nos Estados Unidos da América, não nos furtaremos a abordar as raízes históricas do *contempt*, as quais, para muitos, estão calcadas no direito romano e, para outros tantos, no direito germânico. Assim, impossível ao tratar do assunto, não discorrer, também, sobre as origens da *common law* e aí, é claro, também sobre o sistema jurídico inglês.

1.1. ORIGEM E EVOLUÇÃO DO *CONTEMPT OF COURT*

Não há consenso quanto à origem do *contempt of court*. Em verdade, costuma-se referir que este tem nascedouro na *common law*, mas pouco explicita-se da sua real origem, sendo até mesmo tal informação controvertida, vez que suas bases poderiam estar assentadas no Direito Romano, ou, ainda, possuir raízes germânicas.

Marcelo Lima Guerra[1] aponta que a expressão *contempt of court* teria derivado da locução romana *contemptus curiae,* que já era usada no século XII. No entanto, não admite que o instituto aqui referido tenha se originado da *contumácia* do direito romano, vez que o mesmo instituto já existia, na sua essência, em período anterior ao prórprio século XII, quando, então, era denominado *oferhynes*.

A *oferhynes* consistia em uma violação da "paz pessoal" do Rei, punida com multa de natureza penal, em favor do próprio Rei ou outra autoridade pública. Entre os principais casos de *oferhynes,* os quais possuem relação direta com a origem do *contempt of court,* estão: a recusa em cumprir uma sentença, deixar de comparecer ao *gemot,*[2] e o desacato ao juiz ou ao "chefe" da cidade.

Importante, antes que se prossiga na compreensão do *contempt of court* como sendo a evolução da *oferhyrnes* anglo-saxã, explicar o conceito de "paz do Rei". Em verdade, havia uma distinção entre a "paz geral" e a "paz do Rei".

A "paz geral", como conceito jurídico, identifica-se com o princípio no qual quando alguém causa um dano à outra pessoa o faz contra todos os membros de uma comunidade. Trata-se, assim, da "substituição" da vingança privada pela Justiça estatal.

Essa paz geral, portanto, não se baseava no direito do Rei, mas sim no direito do povo. Por esta razão, em relação a essa paz comum, o Rei era apenas seu protetor.

Paralelo à paz comum, havia outra, mais específica, denominada de "paz do Rei", chamada de *mund* pelos povos germânicos em geral e de *grith*, pelos anglo-saxões. Consistia, à época, na mais elevada proteção especial concedida a pessoas, em épocas e lugares específicos, sendo de destaque a residência do rei e as suas adjacências.

Com o passar dos anos, a posição do Rei cada vez mais se consolidou entre os anglo-saxões, de modo que as duas modalidade de paz já referidas passaram a confundir-se a ponto de a paz do Rei absorver a paz geral. Passa o Rei, então, a ser fonte única e exclusiva do direito e da justiça e qualquer ofensa a esta é considerada uma ofensa contra o Rei pessoalmente, ou seja, *contempt os the king,* punível com a multa denominada *oferhyrnes*.

---

[1] GUERRA, Marcelo Lima. *Execução Indireta*. São Paulo: Revista dos Tribunais, 1998, p. 74-78.

[2] O significado para *gemot* é apresentado por Marcelo Lima Guerra como sendo a antiga assembleia anglo-saxã onde, então, era administrada a justiça.

Nessa toada, válido lembrar que, na tradição anglo-saxônica, como nos povos germânicos em geral, o Rei não era apenas a fonte única de justiça, mas também juiz efetivo e presente no tribunal. Nessa altura, fácil identificar que o desrespeito ao Rei, agora incumbido também na figura de juiz, é legítima expressão do *contempt of court*.

A corroborar a origem histórica, aqui apresentada, temos os próprios casos de cabimento do *contempt of court* na atualidade. As duas categorias básicas atualmente previstas de *contempt* dizem respeito à desobediência às ordens judiciais e à conduta ofensiva cometida no tribunal ou nas suas adjacências. Traçando um paralelo com a origem apresentada, seriam a ofensa à paz do Rei e a conduta desrespeitosa no seu palácio e adjacências.

No entanto, conforme já apontado, a origem do instituto está longe de ser pacífica. Enquanto Marcelo Lima Guerra traz fortes elementos a indicar que o *contempt of court* tem origem genuinamente germânica, Ovídio A. Baptista da Silva,[3] baseado no texto das Ordenações Filipinas, sustenta a origem romana do instituto.

Segundo Ovídio, *o texto das Ordenações Filipinas*[4] continha, ainda que de modo insipiente, os elementos formadores das modernas ações mandamentais, o que revelaria a fonte romana do instituto do *contempt of court*. No entanto, ao contrário do direito anglo-americano, que se valeu da mesma fonte para concepção do *contempt,* não preservamos tal instituto devido à influência do direito francês.

De se notar, portanto, que ainda que não se consiga precisar com exatidão a origem do instituto, se do direito romano ou se germânica, o fato é que não nasceu na Inglaterra como se supunha, apesar de ser nos países da *common law* o seu principal campo de aplicação.

Ainda em se tratando de evolução histórica, temos que a primeira referência segura quanto à aplicação do instituto remonta a 1187, em hipótese em que o réu não acudiu à citação.

Na Inglaterra, a configuração básica do instituto emergiu do voto do Juiz Wilmot, publicado depois de sua morte, em 1802. Tratava-se de publicação de libelo por um livreiro chamado Almon, contra o *Chief Justice* Lord Mansfiel. Em razão das críticas lançadas a Mansfiel, Almon foi considerado em *contempt os court*.[5]

A relevância da decisão do juiz Wilmot para o instituto ora estudado é justamente o fato de ele ter considerado, em sua fundamentação, que o poder de

---

[3] SILVA, Ovídio Araújo Baptista da. *Curso de Processo Civil*. Vol.2. 4. ed. rev. e atual. São Paulo: Revista dos Tribunais, 2000, p. 350.

[4] Sobre a identificação do instituto do *contempt of court* nas Ordenações Filipinas destaca Ovídio: Dizia o aludido preceito das Ordenações, ao tratar da hipótese de oferecer o demandado resistência ao cumprimento da sentença: "... o julgador o segurará de nossa parte, de dito e feito o conselho e além disso castigará o que por seu mandado". Ora, a medida de que se utiliza o direito anglo-americano, contra igual desobediência à sentença, denomina-se contempt of court, locução que tem a mesma origem etimológica da palavra desprezo empregada pelos velhos textos lusitanos.

[5] ASSIS, Araken de. *O contempt of court no Direito Brasileiro*. Porto Alegre: Revista Jurídica, 2004.

MULTA E PRISÃO CIVIL

contempt decorria da possibilidade de qualquer corte vingar sua própria autoridade. Ainda, o fato de que o caso Almon, na Inglaterra do século XIX, ter servido como base para uma transformação no pensamento dos julgadores, não cabendo, a partir de então, qualquer dúvida quanto à respeitabilidade e eficácia do *contempt*. O referido precedente passou a ser amplamente adotado pelas cortes inglesas.[6]

Os Estados Unidos da América do Norte, por influência inglesa, igualmente valiam-se do precedente do caso Wilmot para aplicação do *contempt of court*. No entanto, o Judicial Act de 1789, posteriormente alterado em 1821, conferiu a todo tribunal igual poder para punir atos de desprezo à sua autoridade. A seção 17 do mencionado ato previu com absoluta clareza a possibilidade da aplicação, a critério de cada tribunal, da penalidade de multa ou prisão para os casos de desprezo de sua autoridade.[7]

Já em 1829, o estado de Nova Iorque adotou a legislação de 1821, deixando de aplicar o precedente do caso Wilmot como fundamento para o reconhecimento do *contempt*. Aos poucos, as diversas cortes dos demais estados norte-americanos passaram a considerar o direito de punir como algo fundamental para existência de um Poder Judiciário respeitável e efetivo.

A verdade é que nos países da *common law,* como bem refere Ada Pellegrini Grinover,[8] há o reconhecimento de que o *contempt of court* está associado à ideia de que tal poder é inerente à própria existência do Poder Judiciário. De nada adianta um Judiciário investido da atribuição de solucionar conflitos se não for dotado de instrumentos coercitivos capazes de fazer valer suas decisões.

1.2. CONCEITO

Conceituar o instituto do *contempt of court* não é tarefa das mais fáceis, principalmente pelo fato de a expressão em inglês não ter um significado exato na nossa língua. João Calvão[9] da Silva traz um excelente ponto de partida para o correto entendimento do instituto.

Parte o referido autor da etimologia da palavra *contempt,* a qual deriva do latim *comtempus,* que quer dizer *ato de desprezo pelo tribunal, desrespeito à dignidade da Justiça e à autoridade judicial.* Abrange um vasto rol de desrespeito à autoridade judicial e às suas ordens, sendo uma constante em diversas categorias de *contempt* o desprezo,

---

[6] MOTTA, Cristina Reindolf da. *Desacato a Ordem Judicial – Contempt of Court.* Porto Alegre, janeiro de 2002, p. 35.

[7] Judiciary Act 1789. Sec. 17. And be it further enacted, That all the said courts of the United States shall have power to grant new trials, in cases where there has been a trial by jury for reasons for which new trials have usually been granted in the courts of law; and shall have power to impose and administer all necessary oaths or affirmations, *and to punish by fine or imprisonment, at the discretion of said courts, all contempts of authority in any cause or hearing before the same;* and to make and establish all necessary rules for the orderly conducting business in the said courts, provided such rules are not repugnant to the laws of the United States.

[8] GRINOVER, Ada Pellegrini. *A Marcha do Processo.* Rio de Janeiro: Forense, 2000, p. 65.

[9] SILVA, João Calvão da. *Cumprimento e Sanção Pecuniária Compulsória.* 2. ed. Coimbra, 1997, p. 382.

a desobediência, de modo que podemos considerá-lo como elemento estruturante do instituto em questão.

No entanto, para correta compreensão do conceito de *contempt of court,* bem dizer, qual escopo de sua aplicação, necessário discorrer acerca da *Equity,* cujo surgimento confunde-se com o próprio nascimento e desenvolvimento da *common Law.*[10]

Equity, palavra inglesa derivada do latim *aequitas,* pode ser traduzida para o português como sendo "equidade". No entanto, *Equity* tornou-se, na Inglaterra e em países que formularam seu direito a partir do direito inglês, o nome de um corpo especial de regras administrativas para o exercício de uma jurisdição, inicialmente, extraordinária.

Nos primórdios do direito inglês, ainda antes da conquista normanda, a jurisdição era baseada fundamentalmente nos costumes, os quais variavam conforme cada região e eram aplicados pelos próprios membros da comunidade, que não raras vezes invocavam soluções sobrenaturais. Com a conquista do território inglês, o Rei conquistador, ainda que respeitando os costumes de cada região, passou a empenhar-se em construir um sistema judicial regular, composto por juízes de carreira, em um formato mais semelhante a um sistema judicial atual.

Constituídas tais cortes, o direito nelas aplicado passou a ser denominado de *common law,* literalmente traduzido como "lei comum", visto que aplicado indistintamente em toda a Inglaterra. Importante aqui referir que este sistema judicial, quando criado, tinha o nítido intuito de dar guarida a casos de grande relevância, principalmente aqueles em que houvesse o interesse do Rei, sendo que aos poucos foi-se estabelecendo a ponto de tornar-se o sistema judicial nacional, suplantando as cortes locais.

O sistema judicial da *common law,* portanto, tem nascedouro na implementação, por parte do Rei, de um conjunto de normas de administração da justiça uno em todo o território da Inglaterra. Forçoso dizer, no entanto, que não se tratava de um serviço estatal, mas, sim, de um "favor" concedido pelo Rei ao cidadão, que deveria pagar para ter acesso a este sistema judicial.

Portanto, todo o cidadão que quisesse obter solução judicial a algum litígio deveria dirigir-se ao Rei requerendo tal providência. Caso o Rei admitisse que um dos seus tribunais julgasse a causa, emitia um *writ,* que nada mais era do que um documento admitindo o requerente nas cortes do Rei.

O *writ* continha, além do nome das partes envolvidas no litígio, diversos elementos acerca do procedimento a ser adotado. Sempre que emitido um *writ,* servia ele de precedente para emissão de novos *writs.*

Tal sistemática fez, portanto, que para cada tipo de "lide" houvesse uma fórmula específica de solução. Ou seja, para cada tipo de direito subjetivo alegado

---

[10] Sobre o desenvolvimento histórico da *common law* e, por consequência, da *equity,* ler: GUERRA, Marcelo Lima. *Execução Indireta.* São Paulo: Revista dos Tribunais, 1998, p. 78-89.

correspondia um procedimento específico descrito no *writ*. Caso inexistisse um *writ* que se adequasse às pretensões do requerente, era necessário requerer a emissão de um novo *writ*, no qual constaria a fórmula para solução da controvérsia, que passaria a ser adotada para todos os demais casos análogos.

Sendo assim, a *common law* surge como um sistema de procedimentos especiais típicos, sendo que para cada pretensão de direito material correspondia um tipo de ação (procedimento). De início, portanto, o sistema visava à tutela específica, na medida em que o procedimento era perfeitamente adaptável ao direito material postulado, o que se dava pela emissão de um novo *writ* para cada nova situação.

No entanto, em meados do século XIII, por razões que não se sabe precisar, o sistema dos *writs* torna-se rígido e inflexível, o que, com o passar do tempo, torna o sistema incompleto e incapaz de tutelar as mais diversas situações de litígio surgidas no quotidiano inglês. Uma das causas apontadas como responsáveis por tornar rígido o sistema foi a determinação, em uma legislação, da proibição de criação de novos *writs* e, portanto, de novos formas de ação.[11]

Entretanto, conforme já referido ao longo deste estudo, o Rei, na Inglaterra, era fonte máxima da Justiça. Dessa forma, ainda que tenha se organizado o sistema jurídico estatal, isto é, sendo a justiça administrada por tribunais regulares, manteve o Rei funções jurisdicionais, ainda que de forma residual, as quais eram exercidas por meio da sua prerrogativa de perdão.

Assim, existindo um direito material não tutelado por algum dos *writs* existentes, cabia apenas ao cidadão apelar para a prerrogativa de perdão do Rei. Fazia-o por meio de petição escrita endereçada ao próprio Rei, encaminhada por meio da Chancelaria (*Chancery*).

Com o passar dos anos e em decorrência do prestígio do qual gozavam os *Chancellors*, passaram eles mesmos a, em nome do Rei, apreciar os pedidos formulados em decorrência da ausência de *writ* específico. Aí está, portanto, a origem daquilo que posteriormente veio a ser denominado de *Equity*.

De se notar, portanto, que a *Equity* nasce para tutelar direitos não tuteláveis pela *common law*, dada a rigidez do regime dos *writs*. Era, portanto, uma jurisdição de exceção.

Michele Taruffo[12] bem refere que a razão essencial da *Equity* está em oferecer solução jurídica a situações não tuteláveis *at law*, mas economicamente relevantes. Nasce, portanto, com a incumbência de dar tutela aos novos direitos que emergem

---

[11] Marcelo Lima Guerra (op. cit., p. 84) apresenta o que seria o real motivo da rigidez e inflexibilidade que tomou conta do sistema dos *writs*, referindo: "Ao que tudo indica, a proibição de novos writs está associada a uma luta política entre o Parlamento e a Chancelaria. O primeiro, percebendo que o poder da segunda de emitir novos writs o colocava numa posição central e privilegiada no sistema jurídico, trata de limitar a atividade da Chancelaria a tarefas burocráticas".

[12] TARUFFO, Michele. A atuação executiva dos direitos: Perfis Comparatísticos, *Revista de Processo*, São Paulo, n. 59, 1990, p. 74-75.

nos vários momentos históricos, constituindo-se em poderoso fator de adequação do sistema jurisdicional às necessidades reais de tutela.

Outro fator importante a ser destacado e que contribui para que seja possível chegarmos a uma conceituação clara do que seja o *contempt of court* diz respeito ao tipo de tutela fornecido pela *common law* e pela *Equity*. Na *common law*, predominava a tutela do dano, ou seja, do ressarcimento pecuniário do ilícito. Já na *Equity*, primava-se pela tutela específica.

Nesta ceara, de destaque, na *Equity*, um instrumento denominado *injunction*. Trata-se de uma ordem para fazer, não fazer ou cessar um comportamento lesivo, que pode ter natureza cautelar ou definitiva. Por meio desta, a parte solicita ao juiz (em tempos pretéritos, ao *Chanceler)* que emita uma *injunction*, ou seja, uma ordem, que necessariamente deverá ser cumprida pelo obrigado, que assim não o fazendo, estará incorrendo em *contempt of court*, sendo, por tal razão, punido ou coagido a cumprir a determinação judicial.[13]

Na Inglaterra, até o *Judiciary Act de 1873*, a *Court of Chancery* exerceu a jurisdição pela *Equity*, ou seja, tutelava todos os direitos não tutelados pela *common law* exercida pelas demais cortes. A partir desse momento, desapareceu a divisão funcional de competências, cabendo a todos os tribunais exercer concomitantemente ambas as jurisdições.

Nos Estados Unidos, coexistiram as duas jurisdições nos mesmos tribunais até 1848, momento em que o estado de Nova Iorque adotou um novo Código de Processo Civil, o denominado *Field Code*, que, no intuito de simplificar as práticas processuais e o procedimento, aboliu a diferenciação havida entre *actions at law* e *suits in equity*. O referido Código repercutiu em todo o território americano, com ênfase inicial no Oeste e, posteriormente, vencendo resistências ao Leste, de sorte que influenciou o próprio *Judiciary Act* inglês de 1873.[14]

Portanto, o *contempt of court*, ainda que não tenha sido criado pela *Equity*, teve nesta o seu campo de utilização, sendo que atualmente está relacionado diretamente (mas não limitado) às *injunctions*, que, como dito, nada mais são do que ordens de fazer, não fazer ou cessar alguma atividade ilícita ou danosa. Assim, uma vez estudada a *Equity* e a sua evolução histórica, com maior rigor científico, conseguimos chegar a um conceito de *contempt of court*.

Daí se dizer, com segurança, que o *contempt of court* é o desacato, desrespeito, desprezo pelo tribunal ou a uma determinação judicial. É, portanto, a desobediência às ordens ou leis do corpo legislativo ou judicial, ou a interrupção de seus procedimentos por meio do mau comportamento ou de linguagem insolente.[15]

---

[13] TARUFFO, Michele. A atuação executiva dos direitos: Perfis Comparatísticos, *Revista de Processo*, São Paulo, n. 59, 1990, p. 74-75.

[14] Para maior aprofundamento sobre o Código *Field* e a sua repercussão nos Estados Unidos, ler: FRIEDMAN, Lawrence M. *Storia Del Diritto Americano*. Milão: Dott. A. Giuffrè Editore, 1995, p. 390-398.

[15] DANGEL, Edward M. *National Lawyer's Manual of Contempt, including civil and criminal contempts*. Boston: National Lawuer's Manual Company, 1939, p. 14.

Nos dizeres de Roberto Molina Pasquel,[16] denomina-se *contempt of court* o desprezo, menosprezo à corte, revestindo-se este em ilícito tipicamente processual, cometido pela pessoa que desobedece a uma ordem judicial, colocando-se, portanto, em posição passível de "arresto" pessoal ou, em certas circunstâncias, a medidas sobre seus bens. Segue o autor referindo que o *contempt* consiste em alguém desobedecer às ordens da corte, obstaculizar o livre exercício da justiça, faltar com o respeito à dignidade do juiz ou do tribunal.

Logo, identificamos, como característica do *contempt of court*, a existência de quatro tipos de comportamento, quais sejam: I) ato de desrespeito ou desprezo ao juiz ou à corte; II) ato de desafio à autoridade do juiz ou da corte; III) comportamento voltado à obstrução da justiça, e IV) qualquer comportamento capaz de impedir o tribunal de fornecer a tutela jurisdicional específica ou adequada.

Como se vê, dentre as categorias possíveis de *contempt* há um sem número de situações que podem ocorrer passíveis de reconhecimento, pela corte, como ato de desacato à sua autoridade. Portanto, ainda que se busque com certo rigor científico conceituar *concempt of court,* certo é que as situações que o definem dependem da casuística, inexistindo um rol taxativo e exauriente capaz de abranger todos os casos passíveis de coerção/punição.

Mais fácil reconhecer a existência de *contempt* quando relacionado ao não atendimento a uma *injunction*. Difícil, no entanto, quando relacionado a um ato de desrespeito à autoridade do juiz, dada a subjetividade envolvida.

1.3. ESPÉCIES

Como todo e qualquer instituto jurídico, o *contempt of court* também possui múltiplas classificações, de acordo com os critérios a serem adotados. No entanto, a esmagadora maioria da doutrina limita-se a distinguir as espécies de *contempt* direto e indireto, podendo ser, ainda, civil ou criminal.

Desde já, válido afirmar que os dois pares de classificação possuem critérios diversos, de sorte que é possível que se sobreponham. Isto quer dizer que, tanto o *contempt civil*, como o *penal* podem ser *direto* ou *indireto* e vice-versa.

Ainda, digno de destaque que a regra geral é que somente quem é parte pode incorrer em *contempt of court*. No entanto, como toda a regra geral, existem exceções. Há situações em que a conduta de terceiros, ainda que não seja parte no processo, pode ser considerada como *contempt*. Exemplo de tal conduta são os comentários desabonatórios a determinado juiz ou tribunal, em razão de processo em curso, veiculados na imprensa, ou, ainda, o fato de terceiro, sabedor da existência de uma determinada ordem judicial, auxiliar a parte a descumpri-la.

---

[16] PASQUEL, Roberto Molina. *Contempt of Court, Correciones disciplinares y medios de apremios.* Buenos Aires: Fondo de Cultura Econômica, 1954, p. 49.

Portanto, pela multiplicidade de condutas passíveis de serem consideradas *contempt,* mais que necessária a sistematização do instituto, com o estudo de suas espécies, o que por questão de conveniência, faremos em tópicos isolados.

1.3.1. *Contempt* direto

No *contempt* direto, o desacato se dá na presença do tribunal. A importância da sua distinção frente ao *contempt* indireto está relacionada, principalmente, ao procedimento a ser adotado em um ou em outro caso.

Consiste, portanto, em fazer ou deixar de fazer algo na presença do juiz ou do tribunal, tendente a impedir ou interromper os seus procedimentos ou ofender a sua integridade. Só tem lugar quando os atos que o constituem são praticados na presença do juiz. É, pois, um insulto cometido ante um tribunal ou juiz que atue como tal, ou a resistência ou obstrução a legítima autoridade de um juiz ou tribunal na sua presença, ou o mal comportamento tão perto que interrompa ou cause distúrbio ao procedimento judicial.[17]

Araken de Assis[18] aponta interessante rol exemplificativo de *contempt* direto, elencando, na espécie, as situações como o falso testemunho; a recusa de responder à pergunta admitida pelo juiz; o distúrbio na sala de audiências.

Refere, ainda, que pelo fato de os poderes da autoridade judiciária abranger não só as partes, mas também os oficiais da corte, incluindo os advogados, *a reiteração de pergunta já proibida, ou insistência em manter a linha de interrogatório rejeitada pelo juiz pode ensejar,* ao causídico, *contempt* direto.

No caso do *contempt* direto, o infrator é punido sumariamente, por meio de um *summary proceeding.* A punição é, portanto, imediata, prescindindo de qualquer procedimento prévio, até mesmo porque praticado na frente do juiz.

No entanto, tem o punido o direito a conhecer a imputação, sendo-lhe descrita a conduta ofensiva, devendo constar tais documentos nos autos do processo. Destaca-se, ainda, que independente se civil ou criminal, em se tratando de *contempt* direto, a pena é aplicada de imediato, demonstrando a instantaneidade da agressão e da sua repulsa pelo juiz ou tribunal. É a preservação da autoridade judicial levada ao último grau.

1.3.2. *Contempt* indireto

Diferente do que ocorre no *contempt* direto, no indireto o ato de desacato é perpetrado fora do tribunal. Diz-se, portanto, que o *contempt* indireto possui caráter residual em relação ao direto. Logo, toda a situação de desacato que não possa ser

---

[17] PASQUEL, Roberto Molina. *Contempt of Court, Correciones disciplinares y medios de apremios.* Buenos Aires: Fondo de Cultura Econômica, 1954, p. 65.

[18] ASSIS, Araken de. *O contempt of court no Direito Brasileiro.* Porto Alegre: Revista Jurídica, 2004.

enquadrada como *contempt* direto, por não ter sido praticada na presença do juiz, será classificada como *contempt* indireto.

Considerando que o *contempt* indireto é aquele praticado longe dos tribunais, o primeiro exemplo que pode ser citado deste tipo de desacato está relacionado ao descumprimento de uma ordem judicial. Melhor dizendo, enquadraríamos com certa tranquilidade o não atendimento a uma *injunction* como situação de desrespeito indireto ao juiz. O descumprimento da ordem, por vezes, não acontece na presença do juiz ou no tribunal quando em sessão, mas sim se perpetua pelo não fazer algo que fora determinado ou prosseguir fazendo o que já lhe tenha sido ordenado que parasse de fazer.

No entanto, não só o desrespeito a uma ordem direta encontra-se nesta categoria de *contempt*. Também os atos de obstrução da justiça, como, por exemplo:

> [...] ocultação da pessoa com o fito de evitar citação ou intimação; subornar jurados; a recusa em indicar bens à penhora; organizar manifestações à porta do tribunal; injuriar o juiz, as partes e os servidores do tribunal através dos meios de comunicação e, até mesmo tirar fotos da sessão e publicá-las, que, na Inglaterra, é ato proibido por Lei de 1925.[19]

Assim, o marco divisório entre o *contempt* direto e o indireto é justamente o local em que ocorre o desacato, se na presença do juiz ou não. De se notar que pouco importa a natureza do ato, se desrespeito a uma ordem, injúria ao juiz, obstrução da justiça, entre outros. O que se leva em conta é a sua realização aos olhos do juiz, que, como visto, se classifica como *contempt* direto, ou fora da corte, sendo este o indireto.

Como já mencionado, a importância da distinção está, principalmente no que se refere ao procedimento. No direto, por se dar na frente do juiz, a punição é sumária, conforme já descrito em item anterior. No indireto, entretanto, há que se respeitar certas formalidades, como, por exemplo, a notificação do *comtemnor*, a possibilidade de justificação (defesa) em audiência, o direito de ser representado por advogado, em alguns casos ser julgado por um júri, entre outras tantas garantias inexistentes no procedimento do *contempt* direto.

1.3.3. *Contempt* civil

Outra importante classificação existente quando se está a falar de *contempt of court*, é o fato de ser o desacato civil ou criminal. Conforme já mencionada em passagens anteriores, ainda que exista a diferenciação entre *contempt* civil e criminal, existem condutas capazes de ensejar ambos, nada obstando que se aplique dupla penalidade.

Definir e distinguir as duas modalidades, criminal e civil, não é das tarefas mais fáceis. Tanto é verdade, que há quem sustente que deva ser abolida a presente classificação.

---

[19] ASSIS, Araken de. *O contempt of court no Direito Brasileiro*. Porto Alegre: Revista Jurídica, 2004.

A definição mais comum de *contempt* civil é aquela que refere consistir tal modalidade na omissão de certo comportamento, prescrito pelo tribunal, a favor de uma das partes. É, portanto, o mau comportamento de uma das partes, que desrespeita, menospreza determinada ordem judicial, frustrando ou prejudicando o direito do outro litigante.[20]

Bem salienta Araken de Assis[21] quando adverte que, apesar de atingir o direito da parte adversa, a ofensa é ao provimento do juiz, à sua autoridade, em última análise. Aquele que teve seu direito frustrado pelo mau comportamento do *contemnor* é legitimado a requer a aplicação da respectiva sanção, mas não há qualquer impedimento para que o próprio juiz atue de ofício.

Melhor forma de classificar o *contempt* como civil ou criminal nos parece a que leva em consideração o propósito com o qual se pune o ato de desacato. Se o propósito é coagir, induzir a parte a cumprir uma ordem judicial, evitando, com isso, que haja dano a direito da outra parte, estaremos, seguramente, diante de um *contempt* civil. No entanto, se a intenção é meramente punir um ato de desrespeito perpetrado pela parte, impondo a autoridade do Judiciário, trata-se de *contempt* criminal.

Sendo assim, o *contempt* civil tem por finalidade precípua a busca pelo cumprimento da ordem judicial, o que, por certo, a identifica sobremaneira com as *injuctions*. Conforme já abordado, *injuction* é uma ordem direta exarada pelo juiz para que determinada parte faça, deixe de fazer ou cesse o que está fazendo, sob pena de determinada medida coercitiva, no caso, o *contempt of court* civil.

1.3.4. *Contempt* criminal

Ainda que, no tópico antecedente, se tenha avançado um pouco quanto à conceituação do *contempt* criminal, é necessário discorrer sobre tal modalidade, de forma a deixar quanto mais possível evidente a distinção deste com o civil. Conforme já mencionado, a distinção, ainda que existente, não é das mais rígidas, na medida em que um mesmo ato pode ser considerado tanto *contempt* criminal, quanto civil.

Definindo *contempt* criminal com enfoque puramente na conduta do *contemnor,* podemos dizer que se trata da ofensa à dignidade e à autoridade do tribunal ou de seus funcionários, gerando obstáculos ao processo ou maior morosidade ao mesmo. É o ato de desprezo, portanto, que, uma vez perpetrado, tende a gerar má reputação ao tribunal.

Como se vê, exibe caráter claramente punitivo, haja vista que possui como finalidade castigar o infrator e dissuadir todos os demais à prática de ato similar.

---

[20] PASQUEL, Roberto Molina. *Contempt of Court, Correciones disciplinares y medios de apremios.* Buenos Aires: Fondo de Cultura Econômica, 1954, p. 65.

[21] ASSIS, Araken de. *O contempt of court no Direito Brasileiro.* Porto Alegre: Revista Jurídica, 2004.

Aqui não se está visando ao cumprimento de uma ordem judicial, mas, sim, à aplicação de sanção àquele que, de alguma forma, desrespeitou a autoridade do juiz ou da corte.

Ada Pellegrini Grinover apresenta concisa e precisa definição do *contempt* criminal quando refere que este se destina *à punição pela conduta atentatória praticada*. Assim, adotando-se o critério do propósito com o qual será aplicado o *contempt,* temos que ele será criminal sempre que estiver voltado a somente punir uma conduta desrespeitosa, diferente do civil, que possui a finalidade de induzir ao cumprimento de uma ordem judicial.

Após a demonstração de ambas as espécies, fica ainda mais evidente que o tipo de conduta pouco importa para a classificação como civil ou criminal. O que deve ser posto em relevo é a finalidade da aplicação do *contempt*, se para induzir ao cumprimento de uma determinação judicial ou para punir um ato de desrespeito à corte, sendo o primeiro civil e o segundo criminal.

Desta breve distinção, subtraem-se algumas óbvias conclusões. A primeira delas é a de que o civil e o criminal *contempt* tanto podem ser cometidos no curso de um processo civil quanto de um processo penal. Ainda, é que qualquer conduta desrespeitosa pode ser punida com o *contempt* criminal, mas nem toda tem o condão de ser punida com o *contempt* civil. Exemplo disso é a determinação de uma obrigação de não fazer descumprida, como, por hipótese, a de não levar ao ar um dado programa televisivo. Uma vez descumprida a determinação, resta somente a punição ao infrator por meio do *contempt* criminal.

De tudo o que até aqui exposto, importante que fique absolutamente entendida a diferença entre as modalidades de *contempt* civil e criminal. Em que pese haja forte tendência de unificação das espécies, ainda há dicotomia entre ambas, possuindo, cada uma delas, requisitos e procedimentos próprios para sua aplicação.

1.4. REQUISITOS DE APLICAÇÃO

Uma vez demonstrada a origem, a evolução histórica, o conceito e a classificação do instituto em estudo, é necessário que seja feita breve explanação quanto aos requisitos de aplicação do *contempt*. Trata-se, em verdade, de abordar um pouco do procedimento para o reconhecimento do desacato, da ofensa e a consequente punição do ofensor.

Como já dito, pouca dificuldade há quando estamos diante de *contempt* direto. Neste caso, o procedimento é sumário, e a aplicação da sanção, imediata. Tem o acusado direito de ter ciência da imputação que lhe está sendo feita, bem como de apresentar suas razões de defesa, tudo ato contínuo ao desrespeito e imputação pelo juiz ou pela parte contrária. Uma vez reconhecido pelo juiz a existência do *contempt,* desde já se aplica a penalidade.

Presente maior dificuldade quando se trata de *contempt* indireto, seja ele civil ou criminal. Neste caso, uma série de requisitos e formalidades hão de ser respeitadas.

No que diz respeito ao *contempt* civil indireto, vários são os requisitos e procedimentos necessários para sua aplicação. O procedimento tem início, normalmente, com a apresentação de petição pela parte prejudicada, requerendo que seja emanada ordem para cumprimento de determinada obrigação, sob pena de ser considerada a parte contrária em *contempt*. O obrigado deve, necessariamente, ser citado, constando, da citação, a obrigação a ser cumprida, qual ação ou omissão lhe está sendo imposta. Ainda, há que lhe ser garantido o direito de ser ouvido. Normalmente, há intimação para que compareça a uma "audiência de justificação" ou para que apresente defesa, momento em que poderá fazer prova de que cumpriu a obrigação, ou de que esta é materialmente impossível. Em seguida, o juiz, apreciando as provas, decide se a parte está ou não em *contempt*. Caso seja considerado em *contempt*, é-lhe imposta uma sanção condicionada, que deverá incidir caso a parte resista em não cumprir a ordem judicial desatendida. Finalmente, aplica-se a penalidade prevista caso o *contemnor* persista na recalcitrância em cumprir a determinação do juiz.[22]

Portanto, podemos destacar como requisitos essenciais para qualquer reconhecimento de *contempt*: a) tenha a parte pleno conhecimento da ordem que lhe foi direcionada; b) seja a determinação judicial materialmente exequível, vez que não há como a parte se sujeitar a uma penalidade por descumprimento de uma obrigação impossível de ser atendida.

Ainda digno de destaque que, nos casos de *contempt* criminal, a parte goza das mesmas prerrogativas que o acusado em ação criminal, bem dizer, presume-se inocente até que se prove o contrário. Portanto, só haverá reconhecimento de *contempt* criminal indireto se respeitado o devido processo legal e existente prova robusta da ofensa, desacato perpetrado pela parte.

No que diz respeito a normas procedimentais acerca do *contempt of court,* nos Estados Unidos da América do Norte há previsão expressa em alguns estados.[23] No entanto, o rito procedimental previsto é apenas para o *contempt* indireto, seja

---

[22] PASQUEL, Roberto Molina. *Contempt of Court, Correciones disciplinares y medios de apremios.* Buenos Aires: Fondo de Cultura Econômica, 1954, p. 65.

[23] Dispõe o art. 225 do Louisiana's Code of Civil Procedure: "A Except as otherwise provided by the law, a person charged with commiting a construtctive contempt of court may be found guilty thereof and punished therefor only after the trial by the judge of a rule against him to show cause why he should not be adjudged guilty of contempt and punished accordingly. The rule to show cause may issue on the court's own motion or on montion of a party to the action or proceeding and shall state the facts alleged to constitue the contempt. A person charged with committing a constructive contempt os court of appeal may be found guilty thereof and punished therefor after receiving a notice to shoe case, by brief, to be filed not less than forty-eight hours from the date the person receives such notice why he should not be found guilty of contempt and punished accordingly. The person so charged shall be granted an oral hearing on the charge if he submits a written request to the clerk of the appellate court within forty-eight hours after receiving notice of the charge. Such notice from the court of appeal may be sent by registered or certified mail or may be served sheriff. In all other cases, a certified copy of the motion, and of the rule show cause, shall be served upon the person charged with contempt in the same manner as a subpoena at least forty-eight hours before the time assigned for the trial of the rule".

ele civil ou criminal. Já na Inglaterra, o *Contempt of Court Act* de 1981 não disciplina qualquer procedimento, tanto criminal quanto civil. Ao que consta, não há diferença substancial em relação ao procedimento adotado no direito americano.[24]

1.5. SANÇÕES

Qualquer que seja a modalidade de *contempt of court* cometida, seja direto, indireto, civil ou criminal, as sanções são a prisão, a multa, a perda dos direitos processuais e o sequestro. Importante referir que estas são as sanções usualmente utilizadas, mas nada obsta que o tribunal, dentro do seu poder de punição por *contempt,* aplique outras aqui não nominadas.

Como se pode perceber, não há um tipo de sanção específico para cada classe de *contempt* cometido. No entanto, a modalidade de *contempt,* ou melhor dizendo, a finalidade da sanção é que pode variar, de modo a influenciar na sua intensidade.

Assim, a pena imposta pode ter natureza punitiva, de regra as relacionadas ao *contempt* criminal, ou coercitiva, quando ligado ao civil. A diferença prática entre a natureza da penalidade imposta repercute diretamente na sua intensidade, o que será demonstrado a seguir, momento em que trataremos individualmente cada tipo de sanção.

1.5.1. Prisão

A mais gravosa das sanções também é, sem sombra de dúvidas, a mais efetiva quando se está a falar em *contempt of court.* Conforme já dito, a prisão poderá ser aplicada tanto nos casos de civil quanto criminal *contempt,* em que pese em um ou outro caso a sua finalidade e modo de aplicação seja totalmente diverso.

Em se tratando de *contempt of court* civil, o intuito da aplicação da sanção é coercitivo, ou seja, agir psicologicamente frente ao *contemnor* para convencê-lo à prática ou à abstenção de algum ato. Ou seja, estará condicionada ao cumprimento ou não da obrigação pela parte em *contempt.*

Por esta razão, quando se está diante de um *civil contempt,* justamente pela natureza coativa que se dá à sanção, de regra, não há prazo determinado de encarceramento. A parte poderá livrar-se da sanção assim que cumprir a determinação judicial, quer já esteja presa ou ainda não. Tem, portanto, o acusado, a faculdade de fazer cessar a punição, bastando para tanto que cumpra a ordem do juiz.

Assim como ocorre no Brasil, também no direito norte-americano as penas desumanas ou cruéis são vedadas. Por tal razão, a medida (encarceramento) deverá ser cumprida em estabelecimento correcional, sendo vedada, por exemplo, a exigência de trabalhos forçados.

---

[24] GUERRA, Marcelo Lima. *Execução Indireta.* São Paulo: Revista dos Tribunais, 1998, p. 105-106.

Ademais, ainda que se diga que o fato de não haver prazo limite para prisão torne tal castigo cruel ou desumano, o que em alguns casos realmente procede, o fato é que no *contempt* civil a parte dispõe do prazo de encarceramento, vez que, cumprindo a ordem judicial, estará livre. No entanto, certo é que desaconselhável manter-se por longo prazo o *contemnor* recolhido, pois certamente o intuito principal da medida já restará frustrado, qual seja a coerção, passando a pena a ser, antes de mero instrumento psicológico de convencimento, desrespeito à dignidade daquele que descumpriu a ordem.

Ainda com relação à pena de prisão no *contempt* civil, mais do que evidente que a determinação judicial deve ser realizável, não cabendo a aplicação da pena quando diante de obrigação de impossível cumprimento. Também há que se dizer que, uma vez esgotadas as possibilidades de cumprimento específico da medida, não mais será possível a aplicação da prisão por *civil contempt,* restando a possibilidade de punição por eventual *criminal contempt* devido ao desacato a uma ordem judicial.[25]

Já no que se refere à pena de prisão no *contempt criminal,* tem esta caráter estritamente punitivo. Ou seja, não visa a agir na vontade do *contemnor* para que ele tome determinada medida, mas somente puni-lo por eventual ato de desacato perpetrado junto à corte (não necessariamente na presença desta – vide *contempt* indireto). Neste caso, a penalidade deve ser fixada com limite máximo de duração.

Nos Estados Unidos, como o tema não possui uma legislação federal, cabe aos estados fixarem os limites de encarceramento. Apenas como exemplo, o estado da Lousiana prevê, no artigo 25 de seu Código de Processo Criminal, o limite máximo de aprisionamento por *criminal contempt* de seis meses.[26]

Por fim, é necessário fazer a ressalva de que a prisão, nos casos de *contempt* está relacionada ao descumprimento de uma ordem judicial ou desacato à autoridade do juiz e da corte. Não pode, em hipótese alguma, servir de substitutivo da prisão por dívidas, vez que esta, assim como no Brasil, é proibida nos Estados Unidos.

---

[25] GRINOVER, Ada Pellegrini. *A Marcha do Processo.* Rio de Janeiro: Forense, 2000, p. 65.

[26] *Lousiana's Code of Criminal Procedure. Art. 25.* "Penalties for contempt

A. A person may not be adjudged guilty of a contempt of court except for misconduct defined as such, or made punishable as such, expressly by law.

B. Except as otherwise provided in this Article, a court may punish a person adjudged guilty of contempt of court in connection with a criminal proceeding by a fine of not more than five hundred dollars, or by imprisonment for not more than six months, or both.

C. When an attorney is adjudged guilty of a direct contempt of court, the punishment shall be limited to a fine of not more than one hundred dollars, or imprisonment for not more than twenty-four hours, or both; and, for any subsequent direct contempt of the same court by the same offender, a fine of not more than two hundred dollars, or imprisonment for not more than ten days, or both.

D. A justice of the peace may punish a person adjudged guilty of a direct contempt of court by a fine of not more than fifty dollars, or imprisonment in the parish jail for not more than twenty-four hours, or both.

E. When a contempt of court consists of the omission to perform an act which is yet in the power of the person charged with contempt to perform, he may be imprisoned until he performs it, and in such a case this shall be specified in the court's order.

Acts 1991, n. 508, § 1."

1.5.2. Multa

Outra forma muito usual de sanção no *contempt of court* é a multa. Assim como ocorre na pena de prisão, pode ser utilizada tanto quando da prática do *contempt* civil ou criminal.

Desse modo, sua aplicação assemelha-se em muito com a da pena de prisão. Isto é, pode ter caráter coercitivo, quando visa a convencer a parte a fazer ou deixar de fazer algo, ou punitivo, momento em que apenas é aplicada como punição ao desacato ou descumprimento de ordem judicial.

Em se tratando da multa coercitiva, normalmente imposta na ocorrência do *contempt* civil, deve ser prevista determinada quantia que vai incidir cada vez que a parte violar a ordem judicial, ou por dia de descumprimento da mesma ordem, sendo devida à parte contrária, aproximando-a do sistema francês das *astreintes*. No que se refere à multa punitiva, de regra aplicável no *criminal contempt,* é fixado um valor determinado, que é devido ao Estado.[27]

Outra modalidade de multa que se tem admitido é a de caráter compensatório ou reparatório. Neste caso, a multa é fixada em montante suficiente para compor os prejuízos sofridos pela parte contrária em razão do descumprimento da ordem judicial. Obviamente, é necessário que, efetivamente, tenha havido dano, sendo que o valor a ser indenizado depende da prova da extensão deste. Incluem-se, no valor da indenização, também, as custas com o procedimento do *contempt.*

No entanto, têm-se levantado várias objeções à modalidade de multa indenizatória. O principal argumento lançado contra tal espécie de sanção é o fato de que, no direito anglo-americano, a condenação por perdas e danos ser obtida por meio de processo em que se garante o julgamento por um júri, procedimento este nem sempre adotado nos casos de *civil contempt.*[28]

1.5.3. Perda dos direitos processuais

Trata-se de medida extrema, pouco usual e bastante perigosa. É a perda ou limitação, a um dos litigantes, dos poderes e faculdades normais do processo. Evidentemente, limita-se ao processo em que a parte foi considerada em *contempt.*

O perigo da medida está em confundir-se a limitação de certos privilégios processuais com a negação do direito de defesa, o que ofenderia o devido processo legal. Assim, acaba sendo limitada aos requerimentos da parte, vistos como privilégio dentro do processo, não podendo, em hipótese alguma, alcançar o seu direito de defesa.[29]

---

[27] GUERRA, Marcelo Lima. *Execução Indireta*. São Paulo: Revista dos Tribunais, 1998, p. 100.

[28] Ibidem.

[29] Idem, p. 101.

1.5.4. Sequestro

É sanção utilizada somente no direito britânico. Consiste em sequestrar todos os bens do *contemnor,* privando-o da sua propriedade, devendo os bens serem mantidos em poder de um depositário, até que a determinação judicial seja obedecida. Utiliza-se, portanto, mais comumente nos casos de *contempt* civil, como forma de coação para obediência a uma ordem judicial. Fica a parte, portanto, impedida de dispor de todo o seu patrimônio sem autorização do juiz, até que não mais esteja incorrendo em *contempt.*

Pode, ainda, haver sequestro dos bens do *contemnor* para garantia do pagamento de multa que lhe foi imposta. Neste caso, os bens constritos serão tantos quantos bastem para composição do valor da multa, ficando os demais desonerados.

2. O atual cenário do *contempt of court* no direito brasileiro

Devidamente estudado o instituto do *contempt of court* no direito norte-americano, bem dizer as suas origens, desenvolvimento no sistema jurídico da *common law* e seu atual estágio de evolução na América do Norte, é necessário agora apontarmos o vetor para a situação no Brasil. Muito tem-se falado nas recentes reformas no Código de Processo Civil, bem como na elaboração e aprovação do novo Código de Processo Civil, tudo em busca da agilidade e efetividade da justiça.

Cada dia mais os tribunais brasileiros vêm acusando a sobrecarga de demanda e impossibilidade material de atendimento a esta. Em contrapartida, as relações sociais tendem a ficar cada vez mais complexas. Não bastasse isso, existente a necessidade premente de salvaguarda dos direitos e garantias fundamentais, entre os quais, o da tutela jurídica efetiva.

Neste contexto, tema recorrente é o da necessidade de um Poder Judiciário atuante e, principalmente, com a sua autoridade preservada. Pois é justamente neste cenário que se insere o instituto do *contempt of court* em nossa realidade.

Como visto, é excelente ferramenta de coerção para realização de direitos, bem como de punição daqueles que fazem pouco caso à autoridade do juiz e da corte como um todo (aqui seu campo principal de aplicação em nosso país). A lamentar a pouca utilização do instituto no nosso país.

2.1. INTRODUÇÃO DO *CONTEMPT OF COURT* NA LEGISLAÇÃO NACIONAL

O Código de Processo Civil brasileiro, desde a sua formação, sempre mostrou preocupação com a conduta ética dos participantes do processo. Por meio dos artigos 16 e 17 tutelou e, ainda tutela, a má-fé processual, punindo ao contendor em demanda judicial que não se portar dentro dos padrões éticos e de boa-fé previamente estabelecidos.

De ressaltar, no entanto, que os referidos artigos dizem respeito à conduta de uma parte para com a outra. Ou seja, visam a preservar o respeito e a ética entre o autor e réu, de forma recíproca, mas de pouco ou nada servem quando se trata de preservar o respeito e autoridade do juiz e da corte em geral. Tanto é verdade que o artigo 18, do Código de Processo Civil, prevendo as penalidades impostas ao litigante de má-fé, estabelece a pena de multa e composição das perdas e danos, tudo destinado à parte prejudicada. Nada, portanto, ao Estado, por conta da ofensa à sua dignidade ou autoridade.

Portanto, não cabe confundir aquelas penalidade previstas para o litigante de má-fé com a aplicação do instituto do *contempt of court*. A uma, por que não visam a preservar a autoridade do juiz ou do tribunal, na medida em que não punem o desacato à corte ou o desrespeito a uma determinação judicial, mas sim a má-fé em relação à parte contrária. A duas porque não agem coercitivamente com vista a persuadir a parte, ou quem quer que seja, cumprir ou não obstruir a correta realização da justiça. Como dito, é medida cujo objetivo é regular a relação de lealdade entre os contendores e não afirmar a autoridade do juiz e respeitabilidade das suas decisões.

Assim, Cândido Rangel Dinamarco[30] identifica a origem da aplicação do *contempt of court* na realidade brasileira na previsão contida no artigo 600 do Código de Processo Civil. Refere que *os casos de atentado à dignidade da Justiça estão arrolados no art. 600 do Código de Processo Civil. Trata-se de hipóteses típicas, descritas em numerus clausus pela lei e sem possibilidade de aplicação em via interpretativa justamente por causa de sua natureza sancionatória.*

Portanto, o artigo 600 do diploma processual civil, segundo o autor citado, previa as hipóteses de atos atentatórios à dignidade da justiça, sendo que o artigo 601 do mesmo Código, previa as sanções aplicáveis ao infrator. Originalmente, a sanção prevista era a perda das faculdades processuais, tais como o direito de requerer, reclamar, recorrer. Tal, por sua evidente inconstitucionalidade, vez que em afronta direta ao princípio do devido processo legal e do amplo contraditório, jamais chegou a ser aceito pela jurisprudência e doutrina.

No entanto, em reforma perpetrada pela Lei 8.953, de 13 de dezembro de 1994, as sanções aplicáveis ao executado que atentasse contra a dignidade da justiça deixaram de ser o silêncio processual. Desde então, o artigo 601 do Código de Processo Civil prevê a imposição de multa fixada pelo juiz até o limite de 20% do crédito exequendo, em favor do exequente.

Não nos parece, entretanto, que a disposição do artigo 600 do Código de Processo Civil seja de aplicação do instituto do *contempt of court* à realidade brasileira. O primeiro motivo para esta conclusão está no fato de que, como bem referiu Dinamarco, as hipóteses de punição por desacato à autoridade do juízo estão limitadas, *numerus clausus,* pela lei. O segundo seria o fato de a multa imposta no artigo 601 favorecer o exequente, e não o Estado.

Ora, conforme já tivemos oportunidade de expor no capítulo anterior, o *contempt of court,* nos países de sistema jurídico da *common law,* não prevê especifica-

---

[30] DINAMARCO, Cândido Rangel. *Execução Civil.* 8 ed. São Paulo: Malheiros Editores, 2000, p. 186.

mente que tipo de atitudes são consideradas desacato à autoridade da corte. Em verdade, não limita as situações que podem assim ser consideradas, inexistindo rol taxativo. Toda e qualquer conduta desonrosa à corte poderá ser considerada *contempt of cout*. Seu espectro de aplicação é, pois, ilimitado.

Outrossim, no que tange ao valor da indenização, tal, de regra, é destinado ao Estado, eis que este é o ofendido com a conduta desonrosa. Nada obsta, no entanto, que seja, também, condenada a parte que está em *contempt* a ressarcir eventuais prejuízos causados à parte contrária em decorrência da sua recalcitrância no cumprimento de ordem judicial. Como se vê, bem diferente do regime adotado pelos artigos 600 e 601 do Código de Processo Civil.

Ainda poderiam ser apontados como expressão do *contempt of court*, no Brasil, a previsão contida no artigo 885[31] do CPC, bem como o artigo 35[32] da antiga Lei de Falências, ou, ainda, os artigos 18[33] e 19[34] da Lei dos Alimentos. No entanto, nenhum destes casos representa, na essência, a aplicação do *contempt* em território nacional, ainda que alguns possam ter traços do instituto. Ocorre que todos os mencionados dispositivos legais não possuem, como objetivo, a preservação da dignidade da corte ou autoridade do juiz. Em verdade, estão relacionados a descumprimentos no âmbito do direito obrigacional, ou seja, não dizem respeito a descumprimento de ordem judicial ou ofensa à corte, mas desrespeito a um dever legal ou à obrigação assumida com a parte adversa. Preveem penalidades, inclusive de prisão, mas tal não basta para constituírem-se em autêntica aplicação do *contempt of court* à realidade brasileira.

Portanto, não reconhecemos a disciplina dos mencionados artigos como autêntica hipótese de cabimento do *contempt of court*, conforme motivos já expostos. Dizer isso não significa negar por completo a existência de instituto semelhante ao *contempt* no Direito brasileiro.

O artigo 14 do CPC, com a alteração dada pela Lei 10.358, de 2001, que introduziu o inciso V, parece ter, nitidamente, inspiração no instituto do *contempt*. Trata o mencionado artigo dos deveres das partes e daqueles que, de alguma forma, participam do processo. O mencionado inciso V estabelece que compete às partes *cumprir com exatidão os provimentos mandamentais e não criar embaraços à efetivação de provimentos judiciais, de natureza antecipatória ou final.*

---

[31] Art. 885, CPC: "O juiz poderá ordenar a apreensão de título não restituído ou sonegado pelo emitente, sacado ou aceitante; mas só decretará a prisão de quem o recebeu para firmar aceite ou efetuar pagamento, se o portador provar, com justificação ou por documento, a entrega do título e a recusa da devolução."

[32] Art. 35, Dec-Lei 7661/45: "Faltando ao cumprimento de qualquer dos deveres que a presente lei lhe impõe, poderá o falido ser preso por ordem do juiz, de ofício ou a requerimento do representante do Ministério Público, do síndico ou de qualquer credor."

[33] Art. 18, Lei 5.478/68: "Se, ainda assim, não for possível a satisfação do débito, poderá o credor requerer a execução da sentença na forma dos artigos 732, 733 e 735 do Código de Processo Civil."

[34] Art. 19, Lei 5.478/68: "O juiz, para instrução da causa ou na execução da sentença ou do acordo, poderá tomar todas as providências necessárias para seu esclarecimento ou para o cumprimento do julgado ou do acordo, inclusive a decretação de prisão do devedor até 60 (sessenta) dias."

Ainda, prevê o parágrafo único do artigo 14 do CPC que a violação ao inciso V do mesmo artigo constitui ato atentatório à dignidade da justiça, punível com multa de até 20% do valor da causa, que, se não paga, será inscrita em dívida ativa.

Neste caso, forçoso admitirmos que a legislação em comento não limita a conduta, ou melhor, prevê de forma aberta descumprimento de provimentos mandamentais e criação de embaraços à efetivação dos provimentos judiciais. Nota-se, pois, a clara intenção de preservar a autoridade da decisão judicial, punindo com multa toda e qualquer pessoa (não necessariamente parte no processo), que colocar obstáculo à efetivação de provimentos judiciais ou descumprir ordem judicial. Ainda, com relação à multa imposta, esta se destina ao Estado, vez que, não paga, será inscrita em dívida ativa.

Portanto, o destino da multa, que será o Estado, e a aplicação da sanção ao responsável, que pode não ser a parte,[35] nos leva a afirmar que as únicas hipóteses de cabimento do *contempt of court* no Brasil são as situações previstas no artigo 14 do Código de Processo Civil, sendo que por meio deste é que foi inserido tal instituto no sistema jurídico brasileiro.

Joel Dias Figueira Júnior,[36] ao comentar acerca das alterações do Código de Processo Civil introduzidas pela Lei 10.444/2002, acaba por reconhecer o ingresso do instituto do *contempt of court* à realidade brasileira. Afirma que é necessário que se entenda o problema da *deontologia na dialética processual,* sendo imprescindível a observância aos deveres de lealdade e probidade instrumentais conforme descritos no artigo 14 do Código de Processo Civil. Menciona, ainda, que o inciso V do artigo 14 do Código de Processo Civil visa a estabelecer o dever de cumprimento dos provimentos mandamentais, e o dever de tolerar a efetivação de quaisquer provimentos judiciais, com instituição de sanção pecuniária a ser imposta ao responsável pelo ato atentatório ao exercício da jurisdição, ou seja, nas suas palavras, *repressão ao contempt of court, na linguagem do direito anglo-americano.*

O autor vai além. Menciona que o *contempt of court,* no Brasil, também pode e deve ser punido com a pena de prisão. Ocorre que o descumprimento de ordem judicial, seja qual for a sua espécie, representa verdadeira afronta ao poder legítimo emanado do Estado-juiz, sendo passível de prisão, inclusive em flagrante, sendo a responsabilidade penal apurada em procedimento próprio perante juiz competente.[37]

Nesse contexto, ainda que não concordemos com a modalidade de prisão proposta por Joel Dias Figueira Júnior para coibir o desacato ao poder do juiz, certo é que o artigo 14 do CPC prevê, em seu inciso V, espécie de punição por *contempt of court,* sendo esta a primeira expressão do instituto no Direito brasileiro na atualidade.

---

[35] GRINOVER, Ada Pellegrini. *A Marcha do Processo.* Rio de Janeiro: Forense, 2000, p. 67.

[36] FIGUEIRA JÚNIOR, Joel Dias. *Comentários à novíssima reforma do CPC:* Lei 10.444, de 07 de maio de 2002. Rio de Janeiro: Forense, 2002, p. 78.

[37] Idem, p. 76.

2.2. ESPÉCIES

Conforme demonstrado anteriormente, a disciplina do *contempt of court* é bastante recente na experiência brasileira. Tanto assim, que ainda se diverge se a previsão contida no artigo 14, inciso V, do Código de Processo Civil é ou não verdadeiramente expressão do *contempt* como conhecido nos sistemas da *common law*. Ainda, de se notar que uma série de disposições legais, contidas tanto no CPC quanto em legislações esparsas, também traz normas com instrumentos de coerção como multa e prisão, o que, de pronto, não autoriza dizermos que são reprodução do que se vê em termos de repressão ao desacato à autoridade da corte no direito anglo-saxão.

No entanto, pelo que se viu, a alteração legislativa perpetrada no texto do artigo 14 do CPC por "generalizar" nos tipos de conduta atentatória (qualquer conduta que vise ao não cumprimento dos provimentos mandamentais ou coloque embaraço ao cumprimento das decisões judiciais) e prever penalidade em favor do Estado, acabou por aproximar-se do sistema previsto na *common Law*, a ponto de permitir que se reconheça a existência, ainda que de uma específica forma de *contempt of court* no Brasil. Basta saber, portanto, de que forma se está a falar. Para tanto, é necessário brevíssima recapitulação.

No primeiro capítulo deste estudo, conceituamos o *contempt of court* como sendo o ato de desprezo, desrespeito à corte e às suas decisões, que desafia a sua autoridade ou frustra a obtenção da tutela específica. Ainda, apresentamos a classificação mais aceita na doutrina, que o divide em direto e indireto, civil ou criminal. O direto seria aquele ato de desrespeito praticado na presença do juiz ou da corte, tal qual a ofensa direta, recalcitrância em pergunta já indeferida etc. O indireto, por ser turno, o perpetrado longe das vistas do tribunal, como, por exemplo, o suborno de uma testemunha, a ocultação para livrar-se de intimação ou citação, entre tantos outros exemplos. Por fim, distinguiu-se o *contempt* criminal do civil pelo objetivo da penalidade imposta. Se meramente punitivo, criminal e se com o fito de coagir ao cumprimento de dada ordem judicial, civil.

Assim, afirmado que o artigo 14 do CPC é, ainda que parcialmente, expressão do *contempt of court* do direito anglo-saxão, nada mais natural que, para classificá-lo, utilizemos dos mesmos critérios adotados quando da exposição inicial do tema. Portanto, há que se verificar se direto, indireto, civil ou criminal.

A primeira distinção parece-nos a menos tormentosa, qual seja, se direto ou indireto. Pela locução do referido artigo, que trata do cumprimento dos provimentos mandamentais, bem como dos judiciais, antecipatórios ou definitivos, leva a crer que se tratada de *contempt* indireto. É que o dispositivo legal visa a resguardar apenas o cumprimento às decisões judiciais, não trazendo qualquer previsão acerca dos atos de desrespeito ao juiz e à corte, que não se enquadrem nesta modalidade. Daí se dizer que, normalmente, o desrespeito a uma decisão judicial costuma dar-se longe da presença do juiz, configurando-se como indireto.

MULTA E PRISÃO CIVIL

No entanto, maior dificuldade há em definir se a multa prevista no inciso V do artigo 14 do Código de Processo Civil reveste-se em *contempt* de natureza civil ou criminal. Ada Pellegrini Grinover,[38] ao comentar o então anteprojeto de Lei n° 14, referiu que "se aprovada a norma, estará incorporado ao sistema brasileiro o *contempt of court* civil."

Talvez o que tenha feito a autora acreditar que se estaria diante da previsão do *contempt of court* civil fosse o contido no § 2° do mencionado anteprojeto extirpado quando de sua aprovação. Previa o referido parágrafo:

§ 2° Se o responsável, no caso do parágrafo anterior, e devidamente advertido, ainda assim reitera a conduta atentatória ao exercício da jurisdição, o juiz poderá também impor-lhe prisão civil até trinta dias, que será revogada quando cumprida a decisão judicial.

De se notar que havia, no projeto original, a previsão de prisão civil para o caso de reiteração na conduta atentatória, pelo prazo máximo de trinta dias, revogável quando cumprida a decisão judicial. Ao que nos parece, aí sim, típico *contempt* de natureza civil, vez que o objetivo da sanção (prisão) é exortar o *contemnor* a cumprir a determinação judicial, e não simplesmente puni-lo pelo não cumprimento.

No entanto, o § 2° do anteprojeto não foi aprovado, sendo que a alteração que entrou em vigor não lhe contemplou. Logo, é necessário, para verificação da espécie de *contempt* existente na nossa realidade, verificar o texto da lei, bem dizer, o parágrafo único do artigo 14 do CPC. Assim, o mencionado dispositivo legal prevê a aplicação de multa caso haja, por parte do sancionado, violação ao previsto no inciso V do mesmo artigo.

Destaca-se, pois, que, apesar de a regra possuir a intenção de preservar a autoridade judiciária e que suas determinações sejam cumpridas, apenas sanciona o ato de descumprimento. Em momento algum prevê meio de coerção para exortar a parte ou qualquer outro que, de alguma forma, participa do processo a cumprir os decretos judiciais. Aqui, portanto, o ponto nevrálgico a ser analisado para classificação do *contempt of court* brasileiro, se civil ou criminal.

Conforme mais de uma vez tivemos oportunidade de referir, o *contempt* civil é aquele que visa a "induzir (coagir) a parte a cumprir uma ordem judicial", enquanto o criminal tem como objetivo somente "punir uma conduta desrespeitosa. Daí dizer-se que o *criminal contempt* volta-se ao passado, e o *civil contempt* dirige-se ao futuro".

Pois bem, verificando o disposto no artigo 14, inciso V e seu parágrafo único, temos a convicção de que a multa imposta é pelo descumprimento ao dever de respeitar as decisões mandamentais ou não, por óbice à efetivação da tutela jurisdicional. É, portanto, meramente punitiva. Sanciona com multa aquele que não respeitou o provimento judicial, não possuindo caráter coercitivo, ainda que pedagógica para situações futuras. Amolda-se, assim, à classificação do *contempt* criminal,

---

[38] GRINOVER, Ada Pellegrini. *A Marcha do Processo*. Rio de Janeiro: Forense, 2000, p. 67.

vez que tutela situação passada (o descumprimento), e não futura (coerção para o cumprimento).

2.3. REQUISITOS PARA APLICAÇÃO DO *CONTEMPT OF COURT*

Reconhecendo que a alteração ocorrida no artigo 14 do CPC acabou por introduzir, à realidade brasileira, instituto semelhante ao *contempt of court* do sistema jurídico anglo-saxão, é necessário, agora, discorrer acerca dos seus requisitos de aplicação. Para tanto, será feita a análise levando em conta os requisitos objetivos (relacionados a determinadas premissas para reconhecimento do *contempt*) e subjetivos (a quem se destina a norma).

2.3.1. Requisitos objetivos

Por mera liberalidade, convencionamos denominar as premissas para aplicação do *contempt of court* do artigo 14 do CPC, de requisitos objetivos de aplicação. Neste ponto, portanto, serão abordados, ainda que de forma sucinta, os requisitos necessários para que esteja configurado o desacato ao juízo.

Importante desde já deixar claro que os elementos do descumprimento de provimento mandamental e obstrução à efetivação dos provimentos judiciais, por se tratarem de hipóteses de cabimento do *contempt,* serão abordados em item específico. Passemos, então, à análise dos requisitos objetivos.

Temos, pois, que o primeiro requisito é que a parte, ou qualquer pessoa ligada ao processo, incorra em uma das duas hipóteses previstas no artigo 14, inciso V, do Código de Processo Civil. Portanto, é necessária ação (obstrução ao cumprimento de provimentos judiciais) ou omissão (descumprimento a provimento mandamental).

Uma vez contemplada uma das hipóteses de cabimento, aplicável a multa prevista no parágrafo único do referido artigo. Em verdade, deve estar presente ato de vontade do *contemnor,* ainda que tal ato volitivo não tenha uma finalidade específica. Rui Stoco[39] trata com precisão do tema quando refere:

> Não importa o propósito que anima o agente, seja por emulação, para causar dano à parte contrária ou a qualquer das partes, para obter vantagem ilícita ou qualquer outra motivação. O fim colimado é irrelevante.

Portanto, basta que haja a ocorrência de uma das duas hipóteses previstas, ainda que desconhecida a intenção do agente, para que seja aplicável a multa por *contempt of court.* Apenas necessário, como dito, o elemento de vontade em não atender ao provimento mandamental ou obstruir a efetivação de provimento judicial.

---

[39] STOCO, Rui. *Abuso do direito e má-fé processual.* São Paulo: Revista dos Tribunais, 2002, p. 115.

Daí subsume-se o segundo requisito, qual seja, que a determinação judicial seja de possível atendimento. Ora, por certo não se poderá imputar sanção ao agente se este deixou de cumprir provimento mandamental, que, por sua natureza, era impossível de ser realizado. Seria ilógico admitir que a parte, impossibilitada de cumprir o mandamento, fosse condenada por *contempt of court*. Conforme já explicado, o instituto visa a preservar a autoridade e respeitabilidade do juiz e da corte, não estando autorizado, entretanto, o seu uso de forma arbitrária e descabida.

O último requisito diz respeito à necessidade de ciência, por parte do agente, de que deveria ter cumprido determinado provimento mandamental, ou que, com o seu agir está obstaculizando a efetivação de provimento judicial. Deve, portanto, ter conhecimento da ordem e do dever de cumpri-la, sabendo que esta emanou de autoridade.[40] Como exemplo, podemos citar a ordem destinada a terceiro adquirente de boa-fé, para que restitua bem objeto de ação de busca e apreensão proposta pelo credor fiduciante contra o devedor fiduciário. Neste caso, imprescindível que o terceiro, não participante do processo, tenha ciência inequívoca do dever de restituir o bem, para, em se mantendo recalcitrante, ter contra si reconhecido o *contempt of court,* sem prejuízo das demais medidas necessárias para efetivação da tutela.

Portanto, são requisitos objetivos: a) a incidência em uma das modalidades previstas no inciso V do artigo 14 do CPC; b) que o descumprimento da ordem tenha se dado por ato de vontade, ainda que desconhecido o fim pretendido pelo agente; c) que a obrigação imposta seja de possível atendimento; d) que o agente tenha pleno conhecimento da ordem e que esta emanou da autoridade competente.

2.3.2. Requisitos subjetivos

Por requisitos subjetivos temos, bem dizer, as pessoas que poderão incorrer no *contempt of court* previsto em nosso ordenamento jurídico. Certo é que a reforma havida no artigo 14 fez com que fosse ampliado o rol de indivíduos passíveis de responsabilização. Para tanto, fez constar em seu texto "são deveres das partes e de todos aqueles que, de alguma forma, participam do processo".

Logo, em primeiro plano, estão as partes, isto é, autor, réu e litisconsortes, além dos terceiros interessados e dos intervenientes. No entanto, os limites subjetivos não estão adstritos àqueles que tenham parcialidade na relação processual. Podem incorrer em *contempt,* também, os peritos judiciais, assistentes técnicos, síndico da falência, leiloeiro público, entre tantos outros que podem, de alguma forma, participar do processo, ainda que com imparcialidade.

Luis Rodrigues Wambier[41] traz três excelentes exemplos de aplicação da norma a terceiros participantes do processo, ainda que de forma imparcial. O primei-

---

[40] STOCO, Rui. *Abuso do direito e má-fé processual*. São Paulo: Revista dos Tribunais, 2002, p. 115.

[41] WAMBIER, Luis Rodrigues. O *Contempt of Court* na Recente Experiência brasileira: Anotações a Respeito da Necessidade Premente de se Garantir Efetividade às Decisões Judiciais. In: MARINONI, Luiz Guilherme

ro deles seria o caso dos escrivães, escreventes ou funcionários dos cartórios ou secretarias que protelassem a expedição de ofícios ou a juntada de documentos e que, com isso, pudessem causar algum tipo de embaraço à efetivação da ordem judicial. O segundo exemplo diz respeito aos oficiais de justiça, que igualmente poderão sofrer as sanções previstas no parágrafo único do artigo 14 do CPC, caso a sua conduta, ativa ou omissiva, dificulte ou impeça a efetivação de provimento jurisdicional. O último e mais peculiar exemplo seria a aplicação ou reconhecimento do *contempt* aos magistrados. Obviamente, não o próprio juiz da causa em relação à decisão por ele mesmo emanada, mas sim a, por hipótese, juiz de outra comarca que deixa de cumprir ou dificulta o cumprimento de carta de ordem ou precatória, advindo, de sua conduta, "o esvaziamento do resultado concreto do provimento judicial."

Portanto, a lei alcança a todos aqueles que de algum modo participaram do processo, quer fazendo parte na relação processual, ou, ainda, meramente desempenhando atividades burocráticas relacionadas ao processo. No entanto, exclui uma das figuras centrais no desenvolvimento do processo e, também, no cometimento de atos de obstrução da efetivação da tutela, quem seja, o advogado.

Preferiu a lei por excluir expressamente o advogado da possibilidade de aplicação da multa por *contempt of court*. Tal se deu pelo fato de o advogado sujeitar-se ao controle disciplinar exercido pela Ordem dos Advogados do Brasil.

Não parece, no entanto, que tenha andado bem neste ponto. Ocorre que acabou por dar tratamento diferente a quem a Constituição[42] garante isonomia, ou seja, admite a imposição da penalidade aos juízes e promotores, mas não a admite frente aos advogados. Careceria tal diferenciação, portanto, de constitucionalidade.

2.4. HIPÓTESES DE CABIMENTO

No que diz respeito às hipóteses de cabimento do *contempt of court* no direito brasileiro, a lei prevê duas situações específicas: descumprimento de provimentos mandamentais e criar embaraços à efetivação dos provimentos judiciais.

Trata-se, pois, de espécies do gênero descumprimento de ordem judicial, como bem observou Rui Stoco[43] ao analisar o tema. Ainda, de se dizer que qualquer que seja a modalidade, descumprimento ou embaraço, pouco importa para configuração do *contempt* o elemento "vontade".

(Coord.). *Estudos de Direito Processual Civil* – Homenagem ao Professor Egas Dirceu Moniz de Aragão. São Paulo: Revista dos Tribunais, 2005, p. 596.

[42] A isonomia entre advocacia, Ministério Público e magistratura decorre, como ensina Luis Rodrigues Wambier, do próprio *status* conferido pela CF/88 ao advogado. (Ob. cit. p. 597). Art. 133. O advogado é indispensável à administração da justiça, sendo inviolável por seus atos e manifestações no exercício da profissão, nos limites da lei.

[43] STOCO, Rui. *Abuso do direito e má-fé processual*. São Paulo: Revista dos Tribunais, 2002, p. 115.

No entanto, como o artigo 14, inciso V, do CPC faz menção explícita a cada modalidade, é imperioso que sejam estas abordadas separadamente, expondo-se suas características.

2.4.1. Descumprimento dos provimentos mandamentais

O artigo 14 do CPC, em seu inciso V, destacou as hipóteses de cabimento do *contempt of court* no direito brasileiro. Refere a norma que será considerado em *contempt* todo aquele que, de alguma forma ligado ao processo, descumpra provimentos mandamentais ou crie embaraço à efetivação dos provimentos judiciais.

Neste ponto, trataremos de apresentar qual a extensão da norma, bem como o que são provimentos mandamentais. Para tanto, é necessário analisar, ainda que de forma bastante superficial, a teoria da classificação das ações e, por conseguinte, se efetivamente a norma se limitava aos provimentos mandamentais.

Em que pese grande parte da doutrina ainda defenda a classificação trinária das ações, certo é que atualmente a corrente mais aceita é aquela deflagrada por Pontes de Miranda, que classificou as ações quanto às suas cargas de eficácia. É a denominada teoria quinária.[44]

Pela teoria quinária das ações, estas não estariam limitadas à classificação em constitutivas, condenatórias e declaratórias. Haveria, entre as cargas eficaciais da ação, as de natureza mandamental e executiva *lato sensu*.

Por eficácia mandamental, pode-se entender como sendo aqueles provimentos que *contêm uma ordem direcionada ao réu, a ser atendida sob pena de ser-lhe imposta alguma medida coercitiva (multa, prisão civil) e, mesmo, de se caracterizar crime de desobediência.*[45] Portanto, os provimentos mandamentais são todos aqueles que ordenam que a parte faça ou deixe de fazer algo, sem necessidade, para sua concretização, de qualquer ato processual posterior, de cunho executivo.

Frente à contemporânea necessidade de se dar efetividade aos direitos, bem como à tendência de busca da tutela específica, os provimentos mandamentais popularizaram-se. O que antes era tema absolutamente controvertido na doutrina (de certa parte da doutrina ainda é), hoje tem sido utilizado em larga escala pelos juízes e tribunais, na tentativa de dar vazão aos anseios da sociedade, que não mais está disposta a litigar durante anos para obtenção do bem da vida.

É, portanto, hipótese de cabimento do *contempt of court,* o descumprimento a todo e qualquer provimento judicial que contenha uma ordem, um mandamento, ou seja, sempre que o juiz ordenar um agir da parte e não for atendido, poderá

---

[44] PORTO, Sérgio Gilberto. Sobre a classificação de ações, sentenças e coisa julgada, *Revista Direito e Justiça*, v. 16, anos XV e XVI, p. 33.

[45] WAMBIER, Luis Rodrigues. O *Contempt of Court* na Recente Experiência brasileira: Anotações a Respeitos da Necessidade Premente de se Garantir Efetividade às Decisões Judiciais. In: MARINONI, Luiz Guilherme (Coord.). *Estudos de Direito Processual Civil* – Homenagem ao Professor Egas Dirceu Moniz de Aragão. São Paulo: Revista dos Tribunais, 2005, p. 591.

aplicar a multa do artigo 14, inciso V, parágrafo único, do CPC. Entretanto, salvo melhor juízo, não só aos provimentos mandamentais está adstrita a norma.

Ocorre que, paralelamente ao reconhecimento da eficácia mandamental, temos a eficácia executiva *lato sensu*. Caracterizam-se como sendo aquelas decisões que, ainda que proferidas no processo de conhecimento, trazem *embutidas em si, capacidade executória*.[46] Isto é, independente de qualquer outro provimento posterior, já conferem ao autor o bem da vida pretendido. Diferenciam-se das de natureza mandamental na medida em que não ordenam ao réu que cumpra, mas autorizam desde já órgão judicial a executar.

Ao que nos parece, o desrespeito aos provimentos com eficácia executiva *lato sensu* também estariam abarcados pela norma. Isto por que não haveria motivo à interpretação restritiva, se o que se pretende é a efetivação da tutela jurisdicional e, ainda, o respeito aos provimentos judiciais.

Ademais, de se notar, pela exposição acima, que ambas as eficácias possuem como grande semelhança a transferência de imediato do bem da vida a quem de direito, quer seja pela imposição de uma ordem ao réu para que faça/deixe de fazer (mandamental), ou permissão para que o órgão judicial desde já execute (executiva *lato sensu*). Nesse contexto, impossível afastar do reconhecimento do *contempt* o ato de desrespeito aos provimentos mandamentais e, também, aos de eficácia executiva *lato sensu*.

2.4.2. Embaraços à efetivação dos provimentos judiciais

Já delineada a primeira hipótese de cabimento do *contempt of court,* qual seja, os provimentos de natureza mandamental e, por interpretação extensiva, os de ordem executiva *lato sensu,* necessário desvendar que tipo de "embaraço" a provimentos judiciais está a lei a tratar. Assim, que atitudes são passíveis de aplicação da sanção por *contempt* no que se refere a embaraço aos provimentos judiciais.

Ainda, importante analisar que tipo de provimentos judiciais, quando obstados na sua efetivação, irão gerar a possibilidade de aplicação da multa do parágrafo único do artigo 14 do CPC.

No que se refere à expressão *embaraços*, não nos parece haver grandes problemas. Como bem refere Wambier:[47]

> Estarão causando embaraço à efetivação dos provimentos jurisdicionais todos os atos ou omissões, culposos ou não, que criem dificuldades de qualquer espécie ao resultado prático a que está vocacionado o provimento jurisdicional.

---

[46] PORTO, Sérgio Gilberto. Sobre a classificação de ações, sentenças e coisa julgada, *Revista Direito e Justiça*, v. 16, anos XV e XVI, p. 34.

[47] WAMBIER, Luis Rodrigues. O *Contempt of Court* na Recente Experiência brasileira: Anotações a Respeito da Necessidade Premente de se Garantir Efetividade às Decisões Judiciais. In: MARINONI, Luiz Guilherme (Coord.). *Estudos de Direito Processual Civil* – Homenagem ao Professor Egas Dirceu Moniz de Aragão. São Paulo: Revista dos Tribunais, 2005, p. 592.

Assim, pouco importa a natureza do ato da parte ou de terceiro vinculado ao processo, se culposo, doloso, ou não. Relevante é que tenha havido a obstrução da efetivação de um provimento judicial, ou seja, tenha ocorrido entrave, por ação ou omissão do *contemnor* que obstruiu ou criou dificuldade ao alcance do resultado prático a que se destinava o provimento jurisdicional. Exemplo já referido ao longo deste trabalho, o do oficial de justiça que independente do motivo, deixe de cumprir um mandado que lhe foi conferido, causando embaraço à efetivação do provimento jurisdicional.

Já no que se refere ao tipo de provimento jurisdicional, fixa a norma do artigo 14, inciso V, quer sejam eles de natureza antecipatória ou finais. Faz crer, da sua literal interpretação, que somente estão abrangidas as sentenças de mérito, proferidas em processo de conhecimento e as antecipações de tutela fundadas no artigo 273 do Código de Processo Civil.

No entanto, entendemos, mais uma vez, que deva ser a interpretação mais elástica, com a finalidade específica de incluir entre os provimentos que, se obstados, geram sanção, também os de natureza cautelar. Como é sabido, os provimentos cautelares são aqueles destinados à segurança do direito da parte, isto é, visam à proteção do bem da vida para posterior execução, ou não.

Sendo assim, em princípio, não poderiam ser classificados como provimentos finais, vez que, de regra, são preparatórios ou incidentais a estes. No entanto, certo é que quando o juiz determina alguma providência cautelar com vista a assegurar o bem da vida, não é de todo errado dizer que, de certo modo, *alguma coisa se antecipa. Vejam-se, por exemplo, as medidas cautelares de arresto e de sequestro.*[48]

Ao que nos parece, quando a norma refere provimentos de natureza antecipatória ou final, não quis, ainda que implicitamente, excluir os de natureza cautelar. Ocorre que, ainda que a cautelar seja preparatória ou incidental a outro processo, certo é que, no próprio processo cautelar, existem provimentos antecipatórios (liminar concedida no curso do processo) e finais (sentença do processo cautelar assegurando o bem da vida).

Logo, também esses provimentos "antecipatórios" e "finais", uma vez frustrados em decorrência de embaraços criados pelas partes ou qualquer outra pessoa de alguma forma ligada ao processo hão de ser considerados *contempt of court.*

2.5. SANÇÃO

Uma vez estudadas as espécies, requisitos de aplicação e hipóteses de ocorrência do *contempt of court* na realidade brasileira, é necessário, por fim, apontar qual

---

[48] WAMBIER, Luis Rodrigues. O *Contempt of Court* na Recente Experiência brasileira: Anotações a Respeitos da Necessidade Premente de se Garantir Efetividade às Decisões Judiciais. In: MARINONI, Luiz Guilherme (Coord.). *Estudos de Direito Processual Civil* – Homenagem ao Professor Egas Dirceu Moniz de Aragão. São Paulo: Revista dos Tribunais, 2005, p. 595.

a sanção prevista, bem como discorrer acerca desta. A exemplo do que acontece no direito norte-americano, previu a norma nacional a incidência de multa para o caso de obstrução da efetivação de provimento judicial e descumprimento de provimento mandamental. Na realidade norte-americana, conforme já tivemos oportunidade de referir, além da multa há a prisão, inexistente no sistema brasileiro nos moldes em que lá se conhece.

Para melhor dissecarmos a sanção por *contempt of court* na nossa realidade, é válido transcrever a norma que a prevê (parágrafo único do art. 14 do CPC):

> Art. 14 [...]
>
> Parágrafo único: Ressalvados os advogados que se sujeitam exclusivamente aos estatutos da OAB, a violação do disposto no inciso V deste artigo constitui ato atentatório ao exercício da jurisdição, podendo o juiz, sem prejuízo das sanções criminais, civis e processuais cabíveis, aplicar ao responsável multa em montante a ser fixado de acordo com a gravidade da conduta e não superior a vinte por cento do valor da causa; não sendo paga no prazo estabelecido, contado do trânsito em julgado da decisão final da causa, a multa será inscrita sempre como dívida ativa da União ou do Estado.

Do texto do mencionado parágrafo único do artigo 14 do CPC, podemos extrair cinco itens de importante referência.

O primeiro deles diz respeito à exclusão dos advogados como sujeitos passivos da sanção. Conforme já mencionamos ao tratar dos requisitos subjetivos, preferiu o legislador excetuar os advogados dentre as pessoas ligadas ao processo que podem incorrer em *contempt of court*. Assim o fez em decorrência da categoria possuir órgão de classe responsável pela fiscalização do exercício da profissão, cabendo ao juiz oficiar a este órgão (OAB) para que instaure o respectivo processo ético-disciplinar.

O segundo item digno de registro diz respeito ao fato de que a sanção prevista é aplicável sem prejuízo das sanções de natureza civil, criminal ou processual. Isto quer dizer que a multa do artigo 14 não interfere, por exemplo, com aquela do artigo 18 do CPC, que pune o litigante de má-fé. Podem ser ambas aplicadas ao mesmo tempo. Ainda, resta implícito na norma sancionadora por *contempt* que o descumprimento de determinação judicial, em tese, pode configurar crime de desobediência, ou, em algumas circunstâncias, prevaricação, se advindo de servidor público que negligencia o seu *mister*.[49] Como se vê, o fato de o agente ser reconhecido em *contempt* não tem o condão de imunizar-lhe contra a aplicação das demais sanções previstas no sistema.

O terceiro item está relacionado à forma de fixação da multa, que deverá ser de acordo com a gravidade da conduta. Assim, o parâmetro para estabelecimento da sanção não deve levar em conta somente o valor/importância da causa e capacidade econômica do *contemnor*. Até podem estes servir como elementos adicionais, acessórios. O que deve balizar a fixação do valor da multa é, pois, a gravidade do

---

[49] STOCO, Rui. *Abuso do direito e má-fé processual.* São Paulo: Revista dos Tribunais, 2002, p. 116.

MULTA E PRISÃO CIVIL

prejuízo causado pela conduta em relação aos resultados que o processo deveria produzir.[50] Sendo assim, se o ato causou a frustração parcial do resultado prático desejado pelo provimento descumprido, parcial, também, deverá ser a multa.

O quarto item merecedor de comentários é o estabelecimento, pela lei, de teto para multa em 20% do valor dado à causa. Aqui, como outros,[51] acreditamos que andou mal o legislador. Não tanto pelo percentual aplicado, mais por atrelar a multa ao valor da causa. Assim o fazendo, acabou por alijar a sanção dos casos em que a causa possui valor baixo ou daquelas em que é inestimável. Melhor seria se tivesse deixado a fixação do valor ao arbítrio do juiz.

Por fim, como quinto e último ponto, temos o fato de que a multa, ao contrário do que é previsto para os casos de litigância de má-fé, não é destinada à parte contrária. Segundo prevê a norma, o valor da multa é devido à Fazenda Pública da União, Estado ou Distrito Federal. Assim, praticado o *contempt* diante de juiz federal, a multa aplicada destinar-se-á à Fazenda Pública da União; se diante de juiz estadual, Fazenda Pública do Estado em que jurisdiciona o magistrado. Em não sendo paga a multa pelo *contemnor* no prazo fixado pelo juiz, que inicia sua contagem somente após o trânsito em julgado da decisão final da causa, deverá ser inscrita em dívida ativa, sendo passível de execução.

Há que se louvar o ingresso do instituto do *contempt of court* no sistema jurídico brasileiro. Já era chegada a hora de o legislador preocupar-se com a respeitabilidade das nossas cortes e efetividade dos provimentos judiciais. No entanto, a grande crítica que se pode fazer à sanção prevista é que esta, quando posta frente a agente desprovido de patrimônio, de pouco ou nada serve, vez que ainda que aplicada, não gerará qualquer pressão psicológica por óbvios motivos.

---

[50] WAMBIER, Luis Rodrigues. O *Contempt of Court* na Recente Experiência brasileira: Anotações a Respeitos da Necessidade Premente de se Garantir Efetividade às Decisões Judiciais. In: MARINONI, Luiz Guilherme (Coord.). *Estudos de Direito Processual Civil* – Homenagem ao Professor Egas Dirceu Moniz de Aragão. São Paulo: Revista dos Tribunais, 2005, p. 594.

[51] Criticam o estabelecimento de teto para multa, bem como a sua relação com o valor da causa: WAMBIER, Luis Rodrigues. O *Contempt of Court* na Recente Experiência brasileira: Anotações a Respeitos da Necessidade Premente de se Garantir Efetividade às Decisões Judiciais. In: MARINONI, Luiz Guilherme (Coord.). *Estudos de Direito Processual Civil* – Homenagem ao Professor Egas Dirceu Moniz de Aragão. São Paulo: Revista dos Tribunais, 2005, p. 201. TEIXEIRA, Guilherme Puchalski. *Tutela Específica dos Direitos* – Obrigações de Fazer, Não Fazer e Entregar Coisa. Porto Alegre: Livraria do Advogado, 2011, p. 191.

3. Meios coercitivos admitidos no direito brasileiro

Originariamente, como é por demais sabido, a execução era privada, de sorte que ao credor era facultado utilizar severas medidas de coerção pessoal contra o devedor como forma de obtenção da tutela pretendida. Respondia o executado não com os seus bens, mas com o seu corpo.

Com o passar dos anos e por influência das ideias liberais, bem dizer após o advento da Revolução de 1789, passaram a não ser mais toleradas medidas de coerção pessoal extremas para satisfação do exequente, salvo hipóteses especialíssimas, como, no Brasil, a execução de alimentos, na qual é tolerada a prisão civil do devedor sob específicas circunstâncias.

Sendo assim, com o abandono da coerção pessoal (na sua quase totalidade), restou necessário buscar novas formas de realização da tutela específica, principalmente nas obrigações infungíveis. Dessa forma, neste capítulo será abordado o sistema francês das *astreintes* (coerção patrimonial) e as hipóteses ainda previstas, no Brasil, de coerção pessoal, algumas delas, inclusive, já abandonadas pela jurisprudência.

3.1. COERÇÃO PATRIMONIAL

Reconhecendo a classificação quinária das ações, trazida a nós por Pontes de Miranda e analisando amiúde a forma de satisfação que concedem ao demandante, veremos que dentre tais eficácias, respondem com a entrega direta do bem da vida, vale dizer, atendem aos anseios do autor de forma integral e imediata, as dotadas de força preponderantemente declaratória e constitutiva.

Araken de Assis,[52] sobre o tema, refere que *em dois casos há tutela autossatisfativa: a emissão de pronunciamento do juiz, dotado de força preponderantemente declaratória ou constitutiva, atende e esgota, integralmente, a aspiração do autor*. Nos específicos casos de decisões com eficácia preponderante declaratória ou constitutiva, há o que convencionou Luiz Guilherme Marinoni[53] chamar de sentença satisfativa.

---

[52] ASSIS, Araken de. *Manual da Execução*. 12. ed. São Paulo: Revista dos Tribunais, 2009, p. 94.

[53] MARINONI, Luiz Guilherme. *Tutela Específica arts 461, CPC 3 84, CDC*. 2. ed. São Paulo: Revista dos Tribunais, 2001, p. 65.

De outra banda, existem sentenças que, por sua natureza, demandam necessária alteração no plano fático, sendo que, junto destas devem estar os meios de coerção e sub-rogação capazes de atender de forma efetiva e adequada às diversas necessidades de tutela de direitos.[54]

Pois bem, é justamente das sentenças "não satisfativas", para mantermos a terminologia trazida por Marinoni, que nos ocuparemos no presente capítulo. Da necessidade de alteração no mundo natural é que se infere a utilização das mais diversas técnicas executórias, entre as quais importa sobremaneira a coerção patrimonial.

Consiste a coerção patrimonial, portanto, *na cominação de multa de valor escorchante, como meio de pressão psicológica, compelindo o devedor a prestar sob pena de sofrer um mal maior – no caso, a referida multa.*[55] Uma vez definido o espectro do estudo, é necessária a análise das hipóteses de cabimento da mencionada técnica executória, bem como sua natureza jurídica e procedimento.

3.1.1. Da origem das *astreintes*

O primeiro exemplo de utilização das *astreintes* é datado de uma sentença do Tribunal de Gray, de 25 de março de 1811, que condenava uma das partes a fazer uma retratação pública sob pena de três francos por dia de atraso.[56] Independente do exemplo acima, tido como a primeira expressão do instituto no Direito francês, certo é que a *astreinte* veio para ocupar o espaço deixado pela impossibilidade da *manus injectio,* ou seja, emprego da força contra a pessoa do obrigado.

Foram os ideais liberais que plantaram o princípio da intangibilidade corporal em razão de dívidas.[57] Em execução de obrigação de fazer o liberalismo consagrou a regra do *nemo potest cogi ad factum,* de sorte que o cumprimento útil nestes casos depende, exclusivamente, do próprio devedor, sendo que este não cumprindo, resolver-se-ia no equivalente pecuniário.[58]

Pois foi justamente para resolver o impasse da frustração de direitos quando envolvida obrigação de fazer, principalmente de caráter infungível, é que surge, na França, a figura da *astreinte.* Como bem ensina Arruda Alvim:[59]

---

[54] MARINONI, Luiz Guilherme. *Tutela Específica arts 461, CPC 3 84, CDC.* 2. ed. São Paulo: Revista dos Tribunais, 2001, p. 66.

[55] ASSIS, Araken de. Execução forçada e efetividade do processo, *Consulex*, Brasília, v. 48, 2000. Disponível em: <http://www.faceb.edu.br/faceb/RevistaJuridica/m48-014.htm>. Acesso em: 11 abr. 2009.

[56] RESTAINO, Nicola. *L'esecuzione Coattiva in Forma Specifica.* Roma: Il Nuovo Diritto, 1948, p. 10 (em tradução livre). No original: *"Il primo esempio che si cita è dato da una sentenza del Tribunale di Gray Del 25 de marzo 1811, Che condannava una delle parti a fare una pubblica ritrattazione sotto pena di tre franchi per ogni giorno di ritardo."*

[57] ASSIS, Araken de. *Manual da Execução.* 12. ed. São Paulo: Revista dos Tribunais, 2009, p. 140.

[58] Idem, p. 141.

[59] ALVIM, Arruda. Obrigações de Fazer e Não Fazer – Direito Material e Processo, *Revista de Processo*, São Paulo, n. 99, p. 39.

[...] a *astreinte* foi uma criação da jurisprudência e sua história é dominada por uma ruptura progressiva com a teoria das perdas e danos. Vale dizer, se inicialmente as multas eram representativas do que viriam a ser as perdas e danos, sucessivamente ocorreu desvinculação, do que resultou a autonomia das *astreintes*.

Portanto, na França, foi consagrado no Código Civil, no artigo 1.142,[60] a solução das perdas e danos para o caso de descumprimento de obrigações de fazer e não fazer, tendo as *astreintes* sido criadas pela praxe forense como forma de buscar o cumprimento da obrigação *in natura*. Vale dizer, outrossim, que de início as *astreintes* sofreram grande hostilidade da doutrina, haja vista que, por se tratarem de uma pena, violavam o clássico preceito *nulla poena sine lege*.[61] Não obstante, tal resistência, pela sua utilidade, consagrou-se, sendo incorporada por diversos outros sistemas jurídicos no mundo, tais como Brasil.

3.1.2. Conceito e natureza jurídica das *astreintes*

François Chabas considera que as *astreintes* são uma condenação pecuniária pronunciada pelo juiz e destinada a vencer a resistência de um devedor recalcitrante.[62]

Luiz Edson Fachin conceitua como sendo *preceito cominatório por meio do qual se busca instar alguém a fazer ou deixar de fazer algo, ou, ainda, a realizar a entrega de coisa certa.*[63]

Segundo Enrico Tullio Liebman, chama-se *astreinte* a condenação pecuniária proferida em razão de tanto por dia de atraso (ou por qualquer unidade de tempo, conforme as circunstâncias), destinada a obter do devedor o cumprimento de obrigação de fazer pela ameaça de uma pena suscetível de aumentar indefinidamente. Caracteriza-se a multa cominatória pelo exagero da quantia em que se faz a condenação, que não corresponde ao prejuízo real causado ao credor pelo inadimplemento, nem depende da existência de tal prejuízo.[64]

Dos conceitos já se percebe a natureza jurídica do instituto. Como visto, o elemento primordial da multa, a sua finalidade precípua, é atuar no âmbito psicológico do devedor, servindo como forma de pressão, coação, para que ele cumpra determinada obrigação. Tem por objetivo, portanto, coagir o devedor a satisfazer,

---

[60] CC Francês, artigo 1.142: T*oute obligation de faire, ou de ne pas faire, se resout en dommages et intérêts, en cas d'inexecution de la part du débiteur.*

[61] OLIVEIRA, Francisco Antônio. As "Astrintes" e sua eficácia moralizadora, *Revista dos Tribunais*, São Paulo, v. 508, ano 67, fev. 1978, p. 35.

[62] CHABA, François. L' astreinte em Droit Français, *Revista de Direito Civil*, São Paulo, n. 69, 1994, p. 50. (em livre tradução) No original: *"L'astreinte est une condamnation pécuniaire par Le juge et destinée à vaincre La résistance d'um débiteur récalcitrant."*

[63] FACHIN, Luiz Edson. *Redução da multa imposta por não-cumprimento tempestivo de ordem judicial* – Incidência do § 6°, do art. 461 do CPC que autoriza a qualquer, a revisão da multa – Princípio da vedação do enriquecimento sem causa. Revista Forense, v.392, Rio de Janeiro: Forense, 2007, p. 261.

[64] LIEBMAN, Enrico Tullio. *Processo de Execução*. 5. ed. São Paulo: Saraiva, 1986, p. 233.

com a maior exatidão possível, a prestação de uma obrigação, sendo medida coativa (ou coercitiva e não reparatória ou compensatória), possuindo característica patrimonial e psicológica.[65]

Assim, a primeira característica a respeito de sua natureza jurídica é o caráter de coerção, aliado à patrimonialidade. Age a multa no âmbito psicológico do obrigado, que cumpre a obrigação ou terá sobre si a condenação em substancial valor, enquanto permanecer recalcitrante.

Trata-se, assim, de sanção indireta, baseada "numa lei psicológica" sobre o obrigado para que cumpra a obrigação específica, vez que seria tal cumprimento menos penoso do que suportar a multa imposta. A sanção pecuniária é instrumento executivo, meio de forçar o cumprimento da obrigação, em que pese necessite da vontade do obrigado. Ela provoca o intercâmbio patrimonial e, por isso, escapa do âmbito dos poderes cautelares do órgão judiciário.[66]

É meio executório, visto que serve para premir o executado a cumprir a obrigação de modo específico, culminando em transferência, intercâmbio de patrimônio.[67]

Importante referir, ainda, que a pena cominatória jamais pode ser confundida com penalidade pelo não cumprimento da obrigação. Não tem, portanto, natureza de reparação de danos. É meio de coação, multa fixada pelo juiz, sem qualquer correspondência com o real prejuízo causado pelo descumprimento por parte do obrigado, com a única finalidade de premi-lo a cumprir a mencionada obrigação no prazo determinado pelo magistrado.

A confirmar que a natureza da *astreinte* em nada se confunde com a de reparação civil ou com a própria obrigação, válida a lição de Luiz Guilherme Marinoni[68] ao referir que *a multa não tem nada a ver com o valor da prestação inadimplida ou com as perdas e danos. Sua função é eminentemente coercitiva; visa ela convencer o obrigado a adimplir.*

Eis, pois, que a natureza jurídica *das astrintes* pode ser resumida como meio executório indireto no qual o juiz, por meio da fixação de uma multa, desempenha pressão psicológica sobre o obrigado para que este cumpra a obrigação *in natura,* ao invés de resolvê-la em perdas e danos.

---

[65] CARVALHO, Fabiano. *Execução da Multa (Astreinte) Prevista no Art. 461 do CPC. Repro 114.* São Paulo: Revista dos Tribunais, 2004, p. 209.

[66] ASSIS, Araken de. *Manual da Execução.* 12. ed. São Paulo: Revista dos Tribunais, 2009, p. 622.

[67] Em sentido contrário, Francisco Antônio de Oliveira, ao considerar que a *astreinte* é meio de coação ao cumprimento da obrigação, entretanto sem caráter executório. (In: OLIVEIRA, Francisco Antônio. As "Astrintes" e sua eficácia moralizadora, *Revista dos Tribunais*, São Paulo, v. 508, ano 67, fev. 1978, p. 35). Seguindo o mesmo entendimento de que a multa cominatória não é meio executório, José Carlos Barbosa Moreira (In: MOREIRA, José Carlos Barbosa. *O novo processo civil brasileiro.* 22 ed. Rio de Janeiro: Forense, 2005, p. 218) e Ovídio Baptista da Silva (In: SILVA, Ovídio Araújo Baptista da. *Curso de Processo Civil.* 4 ed. rev. e atual. São Paulo: Revista dos Tribunais, 2000, v. 2, p. 81), visto que entendem que a atividade procedida pelo órgão jurisdicional visa tão somente influenciar o cumprimento da obrigação pelo devedor, limitando-se a ameaçá-lo, sem, contudo, realizar o direito do credor.

[68] MARINONI, Luiz Guilherme. *Tutela Específica arts 461, CPC 3 84, CDC.* 2. ed. São Paulo: Revista dos Tribunais, 2001, p. 190.

3.1.3. Hipóteses de cabimento

Matéria menos divergente na doutrina diz respeito às hipóteses de cabimento das *astreintes*. Originalmente destinavam-se as mesmas exclusivamente à execução específica das obrigações de fazer infungíveis, sendo para tanto meio executório insubstituível. Entretanto, os artigos 475-I, *caput,* 461, § 4º, 585, II, 644 e 645 do CPC não distinguem entre obrigações fungíveis ou não,[69] razão pela qual também podem ser aplicadas nas obrigações em que é cabível sub-rogação.

Outrossim, trouxe a remissão do artigo 461-A, § 3º, aos §§ 4º, 5º e 6º, do artigo 461 e do artigo 621, parágrafo único, todos do CPC a possibilidade de aplicação da coerção patrimonial também nas obrigações de entrega de coisa. Não obstante, a aplicação geral do instituto insta atentar ao seu caráter indispensável no que se refere às prestações infungíveis. Pretendendo o credor a execução específica desta espécie de obrigação, o único meio reside no emprego da *astreinte* e sua fixação revela-se imperativa para semelhante objetivo. Em relação às prestações de fazer fungíveis e às obrigações para entrega de coisa, existentes mecanismos de sub-rogação, suficientes para atingir o fim buscado, qual seja, cumprimento específico da obrigação.[70]

É, portanto, medida que visa à efetivação da tutela específica, ou seja, para que a obrigação de fazer ou de não fazer ou de entregar coisa certa seja cumprida *in natura*, isto é, exatamente na forma acordada entres partes.[71] Aplicam-se, assim, às decisões que impõem ao demandado, o cumprimento de obrigação de fazer, não fazer e de entregar coisa certa ou incerta. Não possuem cabimento quando se tratar de decisões que apenas obriguem o réu ao pagamento de pecúnia, ou seja, pagar quantia certa.[72]

Sendo assim, as hipóteses de cabimento da coerção patrimonial, dispostas no próprio Código de Processo Civil, são as decisões que determinam ao réu uma obrigação de fazer (infungível ou fungível), não fazer e entrega de coisa (certa ou incerta), bem como as ordens judiciais cuja eficácia preponderante seja mandamental.

3.1.4. Procedimento

Devidamente compreendido o conceito, natureza jurídica e hipóteses de cabimento da coerção patrimonial, importa agora saber como se procede à mesma. Assim, neste tópico, será analisado o prazo para cumprimento, fixação da mul-

---

[69] ASSIS, Araken de. *Manual da Execução*. 12. ed. São Paulo: Revista dos Tribunais, 2009, p. 623.

[70] ASSIS, Araken de. *Manual da Execução*. 12. ed. São Paulo: Revista dos Tribunais, 2009, 2009, p. 624.

[71] WAMBIER, Teresa Arruda Alvim. *Impossibilidade de decretação de pena de prisão como medida de apoio, com base no art. 461, para ensejar o cumprimento da obrigação in natura. Repro 112*. São Paulo: Revista dos Tribunais, 2003, p. 198.

[72] AMARAL, Guilherme Rizzo. *As Astreintes e o Processo Civil Brasileiro*. Porto Alegre: Livraria do Advogado, 2004, p. 88.

ta, valor, início, duração e exclusão da pena, atitudes do executado, cumprimento parcial e total, inércia do executado, oposição do executado e frustração da tutela específica.

3.1.4.1. Prazo de cumprimento

Inicialmente, é imperioso referir que, para que seja exigível a penalidade imposta com vista a coagir o réu a cumprir determinada obrigação mister lhe seja concedido prazo razoável para atendimento da medida. Tal consideração parece lógica, mas nem sempre é respeitada na prática forense.

Feita a ressalva preambular, analisa-se a fixação do prazo para cumprimento da obrigação. Dispõe o artigo 632 do Código de Processo Civil *quando o objeto da execução for obrigação de fazer, o devedor será citado para satisfazê-la no prazo que o juiz lhe assinar, se outro não estiver determinado no título executivo*. Ainda sobre a fixação do prazo, dispõe o § 4º do artigo 461 que "o juiz poderá, na hipótese do parágrafo anterior ou na sentença, impor multa diária ao réu, independentemente de pedido do autor, se for suficiente e compatível com a obrigação, fixando-lhe prazo razoável para o cumprimento do preceito".

Conforme se depreende de simples leitura dos artigos acima transcritos, não há um prazo fixo, certo e determinado para cumprimento da média. O prazo se caracteriza pela sua heterogeneidade, visto que deve guardar relação de proporção com a natureza da obrigação e demais aspectos inerentes a esta.[73] Por exemplo, o prazo para retirada do nome de um devedor dos cadastros de inadimplente não pode ser o mesmo que o de construir uma ponte, ou demolir uma casa.

Ademais, a periodicidade da multa não precisa necessariamente ser diária. Algumas obrigações, pela sua natureza, não comportam fixação da pena por dia de descumprimento, como, por exemplo, a obrigação de não veicular determinado programa televisivo semanal. Nesse caso, impossível a fixação de prazo com dia/multa, devendo a penalidade incidir semanalmente, de acordo com a natureza da obrigação e o seu descumprimento.

Logo, no que diz respeito ao prazo, é necessário que seja concedido lapso temporal hábil para que o obrigado cumpra a determinação, bem como o fato de que tal prazo não é fixo e geral, devendo atender à casuística para sua fixação.

3.1.4.2. Fixação da multa

Grande parte da doutrina, em inconcebível interpretação literal dos artigos 632 e 461, § 4º, do CPC, limita-se a afirmar que o prazo para cumprimento da medida deve ser razoável, a permitir que o devedor possa cumprir integralmente a obrigação que lhe é imposta. Entretanto, não menciona de que forma a multa deve

---

[73] ASSIS, Araken de. *Manual da Execução*. 12. ed. São Paulo: Revista dos Tribunais, 2009, 2009, p. 582.

ser fixada, bem como de que maneira se daria a aferição do lapso necessário para ser considerado "razoável."

Em verdade, existem diversos elementos para fixar o prazo de cumprimento. Ele pode decorrer da lei, da convenção, do título executivo, ou, enfim, depender de fixação pelo órgão judiciário. Em caso de omissão do título, cabe ao juiz se valer do termo contratual. Ausente qualquer dado concreto, resta ao juiz a possibilidade de fixação por "arbitramento".[74]

Deve, portanto, o magistrado, levar em consideração a natureza da obrigação, bem como os aspectos externos que possam influenciar no cumprimento da mesma, como, por exemplo, estágio da obra, condições climáticas etc. Ainda, há que se referir que o prazo concedido deve ser suficiente para que o réu possa cumprir na integralidade a obrigação.

Ademais, uma vez iniciado o prazo para cumprimento da obrigação, o mesmo somente comporta prorrogação nas hipóteses de caso fortuito ou de força maior.

Por fim, há que se referir que o prazo deve estar inserto no mandado executivo sob pena de nulidade da coerção imposta.

3.1.4.3. Valor

Entendimento pacífico na doutrina é o de que o valor da multa, que não possui qualquer previsão no texto legal, deve ser fixado em quantia significativamente alta, capaz de coagir o executado a cumprir com a obrigação. Divergem, entretanto, os autores no que diz respeito à vinculação da pena ao conteúdo econômico da obrigação.

Refere Fabiano Carvalho[75] que *embora a multa não tenha valor predeterminado ou definido, ela deve guardar certa proporção com a obrigação inadimplida, que lhe permita desempenhar o papel da coercitividade, em consonância com os critérios de suficiência e compatibilidade.* Também entendendo pela vinculação do valor da multa à importância da obrigação, Luiz Edson Fachin,[76] ao mencionar que *o princípio da vedação ao enriquecimento sem causa se aplica plenamente à multa suasória em tela. Não pode a relevância econômica da multa superar o valor do bem da vida ao qual a tutela específica se dirige. Se isso ocorrer, está a multa a violar a sua causa final.*

No entanto, o entendimento que nos parece correto no que diz respeito ao valor da multa é o externado por Araken de Assis,[77] qual seja, o de que a multa deve possuir valor exorbitante, desproporcional ao valor da causa, mas adequado à pes-

---

[74] ASSIS, Araken de. *Manual da Execução*. 12. ed. São Paulo: Revista dos Tribunais, 2009, 2009, p. 583.

[75] CARVALHO, Fabiano. *Execução da Multa (Astreinte) Prevista no Art. 461 do CPC. Repro 114*. São Paulo: Revista dos Tribunais, 2004, p. 211.

[76] FACHIN, Luiz Edson. Redução da multa imposta por não-cumprimento tempestivo de ordem judicial – Incidência do § 6º, do art. 461 do CPC que autoriza a qualquer, a revisão da multa – Princípio da vedação do enriquecimento sem causa, *Revista Forense*, v. 392. Rio de Janeiro: Forense, 2007, p. 265.

[77] ASSIS, Araken de. *Cumprimento da Sentença*. Rio de Janeiro: Forense, 2009, p. 232-233.

soa do executado. Entende, portanto, que pouco importa a obrigação a ser adimplida, não servindo esta como parâmetro para fixação da multa, devendo-se levar em conta tão somente as posses do obrigado, visto que uma multa de um salário mínimo por dia para um prestador de serviço de pequeno porte (por exemplo, um pintor autônomo contratado para pintar uma cerca) pode ser um valor altíssimo, sendo irrisório para uma grande multinacional.

Ora, se a multa possui caráter eminentemente coercitivo, não há sentido em atrelar seu valor ao conteúdo econômico da obrigação. Deve a penalidade ser de tal forma gravosa ao obrigado, que sequer ele cogite de descumpri-la, preferindo o pagamento da multa.

Ainda, há que ser ressaltada a hipótese de alteração da multa, caso se mostrando exagerada ou insuficiente.[78]

3.1.4.4. Início e duração

No que tange ao *dies a quo* da pena, diverge sensivelmente a doutrina. Araken de Assis[79] considera que o termo inicial da *astreinte* é o dia seguinte ao término do prazo para cumprimento, durante o qual o executado poderá adimplir a obrigação.

Guilherme Rizzo Amaral,[80] em crítica a nosso ver infundada a Araken de Assis, menciona que o termo *a quo* da multa é o instante seguinte ao do descumprimento do preceito judicial. A diferenciação é feita por Rizzo Amaral por que entende ele que, se considerarmos o dia seguinte ao descumprimento, teremos, nos casos de obrigações de cunho instantâneo, a cumulação do termo inicial e final da multa, o que seria inconcebível.

Ao que nos parece, desarrazoada a consideração de Amaral. Ora, em se tratando de obrigação de cunho instantâneo, a fixação da multa não seria por medida de dia, mas sim de forma fixa. Logo, descumprida a obrigação em um dia, no dia seguinte incidiria o valor total da penalidade, sem maiores transtornos.

No que se refere à duração da pena, nenhuma divergência há na doutrina. A multa não possui *dies ad quem*, é infinita, se vencerá dia a dia. Esse também o entendimento pacificado no STJ.[81]

---

[78] Artigo 461, § 6º, CPC; "O juiz poderá, de ofício, modificar o valor ou a periodicidade da multa, caso verifique que se tornou insuficiente ou excessiva".

[79] ASSIS, Araken de. *Cumprimento da Sentença*. Rio de Janeiro: Forense, 2009, p. 233.

[80] AMARAL, Guilherme Rizzo. *As Astreintes e o Processo Civil Brasileiro*. Porto Alegre: Livraria do Advogado, 2004, p. 113.

[81] STJ. Terceira Turma. Recurso Especial 890.900. Rel. Min. Humberto Gomes de Barros. DJ. 13/05/08: "PROCESSO CIVIL – OBRIGAÇÃO DE FAZER – ASTREINTES – FIXAÇÃO DE TERMO FINAL. IMPOSSIBILIDADE. – É lícito ao juiz modificar o valor e a periodicidade da *astreinte* (CPC, Art. 461, § 6º). Não é possível, entretanto fixar-lhe termo final, porque a incidência da penalidade só termina com o cumprimento da obrigação".

3.1.4.5. Exclusão da pena

Duas são as hipóteses de exclusão da pena, a verificação de impossibilidade da prestação *in natura* e, a critério do órgão julgador, o cumprimento com atraso a prestação ou ordem judicial.[82]

A primeira possibilidade de exclusão da multa (impossibilidade de prestação *in natura*) mostra-se perfeitamente lógica, na medida em que a *astreinte* é meio de coerção para atingir determinada prestação, tornando-se esta impossível, resta sem efeito a penalidade. Já no que se refere ao cumprimento, pelo mesmo motivo há que fazer cessar a penalidade.

3.1.5. Atitudes do executado

Quatro são as possíveis atitudes do executado em se tratando de coerção patrimonial, a saber: cumprimento parcial ou total da obrigação, inércia, oposição ou frustração da tutela específica. É dessas quatro categorias que nos ocuparemos nos itens que seguem.

3.1.5.1. Cumprimento parcial ou total

Dentre as atitudes possíveis do executado, duas dizem respeito ao acatamento por parte deste ao comando judicial, cumprindo de forma total ou parcial a obrigação. Cumpre aqui, portanto, analisarmos quais as consequências do cumprimento total e parcial. Iniciaremos pelo cumprimento total.

A doutrina é uníssona em referir que, uma vez totalmente cumprida a obrigação, dentro do prazo estipulado pelo juiz, encerra-se o procedimento executivo sem que seja necessário o pagamento de qualquer valor, por parte do executado, relativo à *astreinte*. Situação diversa ocorre, entretanto, se o cumprimento total da obrigação se dá com atraso, depois de esgotado o prazo conferido pelo juízo. Neste caso, será devida a multa vencida do dia em que se venceu o prazo para cumprimento da medida até a data em que efetivamente cumprida, ficando a cargo do juiz, a exclusão da pena pecuniária.[83]

Em semelhante sentido, Moacir Amaral dos Santos,[84] ao considerar que, no caso de cumprimento da obrigação dentro do prazo inscrito pelo juiz, extingue-se a multa, sendo que, se não cumprida, sujeitar-se-á o devedor ao pagamento da pena coativa, desde a data fixada para o cumprimento da obrigação até que a satisfaça ou se resolva o inadimplemento pela satisfação das perdas e danos.

---

[82] ASSIS, Araken de. *Manual da Execução*. 12. ed. São Paulo: Revista dos Tribunais, 2009, p. 630.

[83] Idem, p. 630.

[84] SANTOS, Moacyr Amaral. *Primeiras Linhas de Direito Processual Civil*. 6. ed. São Paulo: Saraiva, 1983, p. 395.

Disciplina diferente merece o cumprimento parcial da obrigação. Neste caso, em se tratando de obrigação individualizada e prestada parte desta, faz jus o obrigado à redução proporcional da multa. O exemplo dado é de alguém obrigado a entregar dez cavalos puro sangue e, no prazo estabelecido pelo juízo, entrega oito. Certamente a força necessária para premir o devedor a entregar os dois cavalos restantes é menor do que a inicial para entrega de dez, justificando a redução do valor da pena coercitiva.[85]

No entanto, sempre que a prestação cumprida pelo réu for apenas um meio para obtenção da tutela, não fará ele jus à redução da *astreinte,* sendo que, se tratar de parte individualizada da obrigação, merecerá a diminuição da pena cominatória.

Ou seja, havendo cumprimento parcial, isto é, aquele em que há utilidade na prestação e interesse do credor no prosseguimento, é possível de ser dilatado o prazo para cumprimento integral da obrigação ou reduzida a multa. Entretanto, se o caso for de descumprimento absoluto, ou cumprimento de parte da obrigação de forma que o credor não tenha interesse no seu prosseguimento, equivalerá à inércia, inexistindo a possibilidade de alongamento do prazo para cumprimento.

Portanto, o cumprimento total, antes do prazo fixado pelo juízo, exime o obrigado do pagamento da multa. Após o implemento do interstício temporal, poderá eximi-lo, a critério do juiz, restando para os casos de cumprimento parcial a possibilidade de redução ou não da multa ou, sendo conveniente ao credor, dilação do prazo para cumprimento da medida.

3.1.5.2. Inércia do executado

Ocorrendo a inércia do executado, serão múltiplas as possibilidades para o credor, de acordo com a natureza da obrigação a ser prestada. Tratando-se de obrigação infungível, outro caminho não lhe resta senão buscar a conversão do procedimento para perdas e danos. No entanto, caso seja obrigação de cunho fungível, pode o credor valer-se do disposto nos artigos 633[86] e 634[87] do Código de Processo Civil, requerendo que a obrigação seja realizada à custa do executado, ou, se preferir, converter em perdas e danos.

Válida ainda a ressalva de que não é necessário o credor aguardar o termo final do prazo concedido pelo juiz, visto que talvez no curso deste prazo reste

---

[85] AMARAL, Guilherme Rizzo. *As Astreintes e o Processo Civil Brasileiro.* Porto Alegre: Livraria do Advogado, 2004, p. 134.

[86] CPC, Art. 633. "Se, no prazo fixado, o devedor não satisfizer a obrigação, é lícito ao credor, nos próprios autos do processo, requerer que ela seja executada à custa do devedor, ou haver perdas e danos; caso em que ela se converte em indenização."

[87] CPC, Art. 634. "Se o fato puder ser prestado por terceiro, é lícito ao juiz, a requerimento do exequente, decidir que aquele o realize à custa do executado."

evidente o desinteresse do devedor em cumprir a obrigação, cabendo desde já o requerimento da providência de seu interesse.[88]

3.1.5.3. Oposição do executado

De início, há que ser salientado que o prazo concedido para cumprimento da medida e o prazo para o executado opor-se à execução não se confundem, de sorte que este último é de quinze dias, contados da juntada aos autos do mandado de citação (art. 738, *caput* e § 1º).[89] Não pode, em absoluto, ser confundido com o prazo fixado pelo juízo para adimplemento da obrigação, prazo este que, como vimos, vai depender da natureza da mencionada obrigação e das demais condições intrínsecas e extrínsecas.

Aos embargos e à impugnação (quando for o caso) poderá ou não ser atribuído efeito suspensivo.

Uma vez oferecidos os embargos ou a impugnação, deixa claro o devedor a sua falta de disposição de cumprimento voluntário. Entretanto, não obsta que o credor, removido tal obstáculo ao andamento da execução, anua com o cumprimento tardio, ainda útil, pleiteado pelo devedor.[90]

3.1.5.4. Frustração da tutela específica

A impossibilidade ou frustração da tutela específica (obrigações fungíveis e infungíveis) ou resultado prático equivalente (obrigações fungíveis), leva invariavelmente à conversão para perdas e danos. É explicitamente o que determina o artigo 461, § 1º,[91] do Código de Processo Civil.

Urge salientar, outrossim, que a conversão em perdas e danos pode ser requerida pelo autor ou determinada de ofício, verificado pelo juiz a impossibilidade do cumprimento da obrigação *in natura*. Ainda, de referir que, para ocorrência da conversão para perdas e danos, é desnecessário perquirir acerca da existência ou não de culpa na frustração da tutela específica.

---

[88] ASSIS, Araken de. *Manual da Execução*. 12. ed. São Paulo: Revista dos Tribunais, 2009, p. 586.

[89] CPC, Art. 738, *caput*: "Os embargos serão oferecidos no prazo de 15 (quinze) dias, contados da data da juntada aos autos do mandado de citação. § 1º: Quando houver mais de um executado, o prazo para cada um deles embargar conta-se a partir da juntada do respectivo mandado citatório, salvo tratando-se de cônjuges".

[90] WAMBIER, Luis Rodrigues. O *Contempt of Court* na Recente Experiência brasileira: Anotações a Respeito da Necessidade Premente de se Garantir Efetividade às Decisões Judiciais. In: MARINONI, Luiz Guilherme (Coord.). *Estudos de Direito Processual Civil* – Homenagem ao Professor Egas Dirceu Moniz de Aragão. São Paulo: Revista dos Tribunais, 2005, p. 595.

[91] CPC, 461, § 1º "A obrigação somente se converterá em perdas e danos se o autor o requerer ou se impossível a tutela específica ou a obtenção do resultado prático correspondente".

Guilherme Rizzo Amaral,[92] ao tratar do tema, refere que *não interessa, para que se determine a conversão em perdas e danos por iniciativa judicial, do credor ou do devedor, na hipótese de impossibilidade da tutela específica, a perquirição da culpa ou dolo para a sua ocorrência.* Isto quer dizer, portanto, que uma vez impossível a prestação da tutela específica, independente de dolo ou culpa, a obrigação resolver-se-á por perdas e danos.

No que diz respeito às *astreintes*, tendo incidido, serão contadas do dia posterior ao prazo final para cumprimento da obrigação até a conversão da obrigação em perdas e danos, cumulando-se o crédito da pena cominatória com a indenização, conforme disposto no artigo 461, § 2º, do Código de Processo Civil.

Por fim, uma vez convertida a obrigação em perdas e danos, proceder-se-á a sua liquidação na forma dos artigos 475-A e seguintes do CPC.

3.2. COERÇÃO PESSOAL

Ultrapassada a análise dos aspectos relevantes da coerção patrimonial, medida de maior popularidade nos tempos de hoje, no Brasil, na busca da tutela efetiva, necessário analisar a coerção pessoal e os casos em que ainda possui cabimento, conforme majoritária doutrina e jurisprudência.

Para tanto, discorreremos a respeito de conceito, natureza jurídica, aspectos históricos e a evolução deste instituto e sua aplicação no direito brasileiro.

3.2.1. Conceito de prisão civil

A palavra *prisão* significa cadeia, cárcere, penitenciária, captura, apreensão. Então, prisão, segundo Álvaro Azevedo,[93] é um ato de apoderamento físico, em que há a limitação da liberdade, sob a sujeição de alguém legitimado para a realização de tal ato.

Prisão civil é aquela que se realiza sob o âmbito privado, sendo a prisão civil por dívida uma espécie, havendo outros gêneros, como a prisão do comerciante que se recusa à exibição de livros (antigo C. Com, art. 20); do falido que não cumpre com as exigências impostas pela lei falimentar ou do síndico que não prestar contas (LF, art. 35, 60 e 69), entre outras.

Sendo assim, é um meio coercitivo de se compelir o devedor a cumprir a sua obrigação, autorizado por lei, e não uma penalidade ou castigo. Por isso, esse instituto visa a compelir o devedor a realizar a obrigação, não importando em condenação criminal, já que não é uma pena.

Nesse sentido, a posição de Arnaldo Marmitt (1989, p. 7):

---

[92] AMARAL, Guilherme Rizzo. *Cumprimento e Execução da Sentença sob a ótica do formalismo-valorativo*. Porto Alegre: Livraria do Advogado, 2008, p. 146.

[93] AZEVEDO, Álvaro Villaça. *A Prisão civil por dívida*. 2. ed. São Paulo: Revista dos Tribunais, 2000, p. 51.

A prisão existente na jurisdição civil é simples fator coercitivo, de pressão psicológica, ou de técnica executiva, com fins de compelir o depositário infiel ou o devedor de alimentos, a cumprirem sua obrigação. Insere-se na Constituição Federal como exceção ao princípio da inexistência de constrição corporal por dívida. Sua finalidade é exclusivamente econômica, pois não busca punir, mas convencer o devedor relapso de sua obrigação de pagar.

Vale destacar, que tem caráter patrimonial, pois a finalidade da prisão civil é meramente econômica. O devedor é preso para ser forçado a pagar, pois se pressupõe que tenha meios de solver a obrigação, podendo readquirir sua liberdade.

O autor Manoel Gonçalves Ferreira Filho[94] conceitua muito bem a pena com a restrição de que a prisão civil não se restringe ao depositário infiel: *A prisão civil é aquela que não decorre de prática de ilícito definido na lei como delito, e que objetiva remover os óbices que o depositário esteja criando à restituição da coisa.*

3.2.2. Natureza jurídica

A natureza jurídica dos institutos e dos diversos ramos do Direito sempre foi e sempre será motivo de discussão pelas mais variadas correntes que surgem, cada uma com seu posicionamento, com seus argumentos e suas convicções.

Com a prisão civil não é diferente. Embora possa existir eventual divergência, a nós não resta dúvida que a prisão civil se trata de um meio coercitivo de execução, tendo como seu fim compelir o depositário a entregar coisa, ou o alimentante a adimplir com os alimentos.

Poucos não são os autores que abordam o assunto, e aqui citamos Celso Ribeiro Bastos,[95] que entende a prisão civil, da Constituição Federal de 1988 como de natureza civil, não visando à aplicação de uma pena, mas tão somente à sujeição do devedor a um meio extremamente violento de coerção, diante do qual é de se presumir que cedam as resistências do inadimplente.

Em razão deste entendimento é que, no momento do cumprimento alimentício ou da restituição do bem depositado, automaticamente cessa a prisão. Ainda, tem caráter repressivo, mas funciona unicamente como um elemento especial de força coercitiva.

Pontes de Miranda[96] não diverge de Bastos na medida em que entende ser a prisão do depositário meio coercitivo para obter a execução da obrigação de restituir o depósito.

Sendo assim, tem-se que o objetivo da prisão civil está diretamente ligado ao campo econômico, à relação econômica, uma vez que não tem o condão de pena-

---

[94] FERREIRA FILHO, Manoel Gonçalves. *Comentários à Constituição Brasileira*. 6. ed. São Paulo: Saraiva, 1986, p. 601.

[95] BASTOS, Celso Ribeiro. *Comentários à Constituição do Brasil.* São Paulo: Saraiva, 1989, v. 2, p. 306.

[96] MIRANDA, Pontes de. *Comentários ao Código de Processo Civil.* Rio de Janeiro: Forense, v.8, 1977, p. 67.

lizar alguém, mas sim compelir, convencer, instigar e principalmente conscientizar o devedor de seu relapso e despertar o cumprimento da obrigação.

Reforça-se que não tem nenhum condão penal, inexistindo qualquer índole de punir, o que se percebe pelo pagamento, quando imediatamente encerra-se a prisão.

3.2.3. Origens históricas da prisão civil

A discussão a respeito da Prisão Civil não é privilégio nosso, do nosso direito e muito menos da Era em que vivemos. Tal tema já era discutido e controvertido antes mesmo do nascimento de Cristo. Sendo assim, a seguir passamos a analisar as passagens históricas da Prisão Civil até chegarmos aos dias de hoje.

A primeira forma positivada de aparição da Prisão Civil em algum Código foi no de Hamurabi, em 1694 antes de Cristo. Neste, a previsão era de que o devedor seria morto a pancadas ou a maus-tratos e, também, previa que seria de, no máximo, 03 (três) anos a escravidão da sua mulher e dos seus filhos para o pagamento do débito.[97]

Posteriormente, foi a vez do Direito indiano trazer no Código de Manu (Manava Dharma Sastra) a previsão de Prisão Civil. Foi acolhida, em sua redação, a equiparação da dívida por um crime de furto, também sendo conferidas, ao credor, formas violentas de vingança contra o devedor, tais como sequestro, acorrentamento e escravidão de mulher, filhos e animais.

Já em 621 antes de Cristo, no alto da Grécia, pela Lei de Drácon, o não pagamento da dívida tornava o devedor propriedade do credor que, se quisesse, poderia tirar a vida deste.

No Direito Romano, diretamente ligado a Lei das XII Tábuas, o credor ganhava o direito de o devedor trabalhar para si, mas não a propriedade do devedor. Aproximadamente um século depois da promulgação da Lei das XII Tábuas, registra-se o surgimento da *Lex Poetelia Papiria,* a qual alterou significativamente as concepções obrigacionais. De acordo com a *Lex Poetelia Papiria,* o devedor não mais podia ser forçado à execução por nenhuma ação coativa por parte do credor, ou seja, não respondia com seu corpo por suas dívidas, mas somente com seu patrimônio.[98] Posteriormente, as Institutas de Gaio autorizaram novamente o exercício do direito do credor sobre a pessoa do devedor.

Já na Idade Média, por volta de 568 a 774 d.C. o devedor ficava em cárcere, mantido pelo credor, até o pagamento da dívida. Na Era do Feudalismo, retornam os castigos físicos para o devedor, seguidos de mutilações e morte. Porém, na França, em 1303, Felipe, O Belo, instituiu que o que deveria pagar por dívidas são

---

[97] SOUZA, Hersilio de. *Novos Direitos e Velhos Códigos.* Recife: Importadora. Industrial, 1924, p. 177.

[98] SIDOU, J. M. *Abductus – A situação jurídica do "Presus" "per manus iniectionem" em face dos preceitos tabulários.* Recife: Editora Câmbio, 1962, p. 52/53.

os bens, e não a vida, muito embora os falidos insolventes tivessem seus retratos expostos com a estampa do mal nas faces.[99]

Na Idade Moderna, a prisão civil, instituída na França, em 1563, foi restringida por Luiz XIV, em 1667, aos débitos comerciais e aos estrangeiros, só sendo abolida em 1793, após a revolução de 1789. O famoso Código Napoleônico, em 1804, também a incluiu. Porém, a partir de 1867, ela ficou restrita aos casos raros, que não incluem débito de natureza alimentar.

Na Inglaterra, os exageros cometidos por conta deste instituto levaram a população a mobilizar figuras conhecidas da época, tal como Shakespeare, com o seu Mercado de Veneza. Sendo assim, foi abolida parcialmente pela Rainha Vitória, em 1869, a prisão civil, naquele país, ficando restrita a alguns poucos casos, como, por exemplo, a insolvência fraudulenta.

Feito um apanhado da prisão civil em uma evolução histórica, traçando paralelos desde a Era antes de Cristo, passamos a analisar este instituto no direito brasileiro, a fim de fazer comparativos e entender eventuais necessidades de evoluções que tivemos.

Logo após a descoberta do Brasil, período em que seguimos como reino de Portugal, nosso descobridor, o nosso direito positivo estava submetido às Ordenações Filipinas. Nestas, muitos casos de prisão estavam previstos, tais como o do depositário infiel que não entregasse o objeto do depósito ou que usasse sem o consentimento do dono. Também, estava prevista a prisão do autor que não pagasse as custas quando condenado.

Como sabemos, o Brasil buscou sua independência e conseguiu, e a Assembleia Geral Constituinte e Legislativa do Império promulgou a Lei de 20 de outubro de 1923. Tal Lei ordenava a manutenção das leis vigentes em Portugal até que se organizassem um novo Código. O Código Criminal do Império, surgido em 1830, revogou as Ordenações Filipinas

Ocorre que desde lá a prisão civil já era motivo de controvérsias, e os entendimentos decisórios pendiam para o lado de que a prisão do depositário infiel era legal, porquanto não se revestia de natureza penal, sendo meio compulsório para forçar o adimplemento da obrigação. Passado este período, a prisão civil veio a ser destacada no Código Comercial de 1850, o qual tratou da prisão civil no seu artigo 284.[100]

Um projeto de enorme repercussão nacional, de alto valor histórico, comandado por Augusto Teixeira de Freitas, em 1850, passou a ser desenvolvido, nada mais era do que a Consolidação das Leis Civis, que com todas as transformações que sofreram no decorrer do tempo vieram a se tornar nosso Código Civil.

---

[99] SOUZA, Mário Guimarães de. *Da prisão civil*. Recife: Jornal do Comércio S/A, 1938, p. 14/16.

[100] Art. 284. Não entregando o depositário a coisa depositada no prazo de 48 (quarenta e oito) horas da intimação judicial, será preso até que se efetue a entrega do depósito, ou do seu valor equivalente.

MULTA E PRISÃO CIVIL

Em 24 de dezembro de 1858, o Imperador aprovou a Consolidação das Leis Civis, que representou o Código Civil do Brasil por mais de meio século. Além de termos um ordenamento positivado, tal Código Civil também desenhou a fisionomia da legislação civil que a seguiu, tanto no código de 1916 como no atual Código Civil de 2002.

Na Consolidação das Leis Civis, a prisão civil estava disposta nos artigos 434 a 438. Nestes disciplinavam a prisão do depositário infiel, conforme era nas Ordenações Filipinas. Os principais artigos, 434 e 437, estavam dispostos da seguinte forma, *in verbis*:

> Art. 434: Sendo condenado o depositário, e não restituindo o objeto do depósito, sem motivo justificável, seria preso até fazê-lo.

> Art. 437: O depositário judicial será preso não entregando a coisa depositada em no prazo de nove dias, depois que lhe for ordenado.

Comentando tal dispositivo, Teixeira de Freitas externa sua posição contrária à prisão do depositário judicial, que devidamente intimado, deixa de entregar a coisa sob sua guarda. A justificativa por ele apresentada, em nota explicativa de rodapé, tem o seguinte teor:

> [...] entre as penas civis em vigor não está compreendida a de prisão dos depositários, ou seja, judiciais ou extrajudiciais. Para os extrajudiciais deixou de existir desde a Lei de 20 de Junho de 1774, § 19, e Ass. de 18 de Agosto do dito ano, Para os judiciais nunca foi legislada, salvo no caso especial da Ord. L. 4º T. 49, § 1º.[101]

Passado este período, chegamos ao momento do antigo Código Civil, ou seja, ano de 1916. Nesse diploma, a prisão civil fica condicionada a somente uma hipótese: a do depositário infiel, pela força do artigo 1.287.[102]

A remissão é feita ao procedimento especial da ação de depósito, regulada nos arts. 901 e seguintes do CPC. Particularmente, no que toca ao art. 904, o diploma adjetivo assim reza: *Julgada procedente a ação, ordenará o juiz a expedição de mandado para entrega em 24 (vinte e quatro) horas, da coisa ou do seu equivalente em dinheiro.* E no parágrafo único do referido dispositivo consta que: *Não sendo cumprido o mandado, o juiz decretará a prisão do depositário infiel.* É necessário, ainda, breve histórico acerca da evolução da prisão civil nos diversos textos constitucionais ao longo dos anos.

---

[101] Ord. Liv. 4º, Tit, 49, § 1º. "Que nenhum Oficial da Justiça, ou Fazenda, receba depósito algum". A nota explicativa sobre essa obra, na Obra de Mario Guimarães de Souza, é do seguinte teor: "É porque algumas vezes Corregedores e Juízes, ou outros officiaes mandam consignar dinheiro, ou outra cousa, em mão de algum homem bom, e depois lho pedem emprestado, ou per outro algum modo, de maneira que o preço ou cousa depositada, que não podiam receber em consignação, vem-no depois a receber da mão daquele, a que foi entregue, como homem bom, e o convertem em seus próprios usos: querendo Nós a isto prover, mandamos, que em este caso, esse homem, em cuja mão foi consignado o preço, ou qualquer outra coisa, não se possa escusar, por dizer que o entregou ao tal Juiz, Corregedor, ou Official, mas seja obrigado a responder por ele, e entregá-lo a quem com direito deva ser entregue. E não entregando do dia que lhe for marcado a nove dias. Seja preso e não seja solto, até que o entregue" (SOUZA, Mario Guimarães de. Da prisão Civil, *Jornal do Commercio*, Recife, 1938, p. 27).

[102] Art. 1.287 "seja voluntário ou necessário o depósito, o depositário que não o restituir quando exigido, será compelido a fazê-lo, mediante prisão não excedente a um ano, e a ressarcir os prejuízos".

Não foi na primeira Constituição Federal, promulgada em 1891, que a prisão civil foi positivada. O que tal diploma buscou fazer foi passar para os Estados a competência de legislar sobre tal matéria.

Porém, em 1934, foi editada outra Constituição Federal em detrimento à de 1891. Nesse novo diploma, a prisão foi expressamente proibida por dívidas, multas e custas, conforme seu artigo 113, n. 30.

Ocorre que, como vimos anteriormente, vigorava o artigo 1.287 do CC, o qual permitia a prisão civil, sendo assim uma dissonância entre a Lei Ordinária e a Constituição Federal. Daí que Clóvis Beviláqua[103] sustentou que a vedação inserida na CF teria alcançado o citado no art. 1.287, revogando-o expressamente. No entanto, o STF, instado a se manifestar sobre a matéria, assentou que não seria de se considerar prisão por dívida aquela decretada contra o depositário, como meio compulsório de restituição de depósito.

As seguintes Constituições Federais de 1937, 1946, 1967 e 1969 não repetiram a vedação do diploma anterior, e incluíram nos seus textos a possibilidade de prisão do depositário infiel ou do responsável por inadimplemento de obrigação alimentar, na forma da Lei.

A CF de 88, no inciso LXVII, do conhecido artigo 5º, manteve o texto das CFs que lhe procederam, suprimindo, todavia, a expressão "na forma da lei", que tinha por objetivo delegar para a lei ordinária a regulamentação sobre seu conteúdo, bem como estabelecer a forma procedimental para a medida coercitiva. Em outros termos, a eliminação da locução "na forma da lei", constante no texto constitucional anterior, restringiu ainda mais a possibilidade do encarceramento, na medida em que obstou que a legislação infraconstitucional ampliasse as hipóteses de cabimento da sanção, mediante equiparação ao contrato de depósito de outras figuras contratuais.

3.2.4. Hipóteses de cabimento

Traçado o caminho histórico-legislativo percorrido pela prisão civil, tanto no cenário internacional quanto nacional, insta saber em que hipóteses vêm sendo a mesma atualmente aceita em nosso ordenamento jurídico. Portanto, é de suma importância, para posterior apreensão de hipóteses que serão levantadas de aplicação do *contempt of court* como forma de execução indireta, que tipo de obrigação, quando descumprida, dá ensejo à medida extrema da coerção pessoal.

Salienta-se, outrossim, que as hipóteses de cabimento a seguir apresentadas dizem respeito somente ao reconhecimento ou não da possibilidade de aplicação da medida coercitiva da prisão civil. Não se confundem, no entanto, com o objeto final deste estudo, qual seja, a averiguação da abertura material do catálogo dos meios executivos previstos no artigo 461, § 5º, do Código de Processo Civil e pos-

---

[103] BEVILAQUA, Clóvis. *Código Civil*. Rio de Janeiro: Editora Rio, 1976, p. 273-274.

MULTA E PRISÃO CIVIL

sibilidade de reconhecimento do obrigado recalcitrante como *contemnor,* sendo-lhe aplicada, em hipóteses especialíssima, medida privativa de liberdade em razão de *contempt of court.*

3.2.4.1. Devedor de alimentos

Várias são as formas de execução colocadas à disposição do credor de alimentos. São elas: a) desconto em folha de pagamento; b) desconto de aluguéis ou quaisquer outros rendimentos do devedor; c) execução por quantia certa; e d) prisão do devedor inadimplente.

O desconto em folha de pagamento possui previsão legal na combinação do art. 16 da Lei de Alimentos com o art. 734 do CPC. Trata-se da forma de constrição mais simples e eficaz, consistindo no desconto em folha de pagamento do devedor de prestação alimentícia, desde que seja funcionário público, militar, diretor ou gerente de empresa, bem como empregado sujeito à legislação do trabalho. Aplicável, portanto, ao devedor detentor de vida organizada e estável. Pode ser utilizada tanto para o implemento de alimentos provisórios ou provisionais, quanto definitivos, operando-se por simples ofícios do juízo a autoridade, empresa ou empregador informando que deverá reter do pagamento devido ao trabalhador, determinado percentual a título de alimentos, conforme dispõe do artigo 734 do Código de Processo Civil.[104]

A segunda modalidade de execução é a expropriação de aluguéis ou qualquer outro rendimento. É medida alternativa ao desconto em folha. Não sendo possível o desconto em folha, pode o credor de alimentos buscar a satisfação do seu crédito em rendimentos de qualquer natureza do devedor, sejam decorrentes de locação ou até mesmo aplicações financeiras. Está prevista no artigo 17 da Lei de Alimentos e sua efetivação se dá por mandado judicial, contra o terceiro e expedido a pedido do interessado, mediante a indicação e prova da origem dos rendimentos.[105]

Ainda, é possível a execução por quantia certa contra devedor solvente. Trata-se de modalidade residual, visto que, não se apresentando viável a execução do julgado pelo meio do desconto em folha ou de aluguéis e rendimentos, terão aplicação as normas previstas nos artigos 732, 733 e 735 do CPC, conforme determina o artigo 18 da Lei de Alimentos. Neste caso, o procedimento é idêntico a qualquer execução por quantia certa contra devedor solvente. Como peculiaridade, podemos apontar o permissivo legal contido no parágrafo único do artigo 732 do CPC, que abre exceção à suspensividade dos embargos quando a penhora recair sobre dinheiro, possibilitando que o credor levante mensalmente a importância da prestação.[106]

---

[104] PORTO, Sérgio Gilberto. *Doutrina e Prática dos Alimentos.* 3 ed. São Paulo: Revista dos Tribunais, 2003, p. 92-93.

[105] Idem, p. 93-94.

[106] Idem, 2003, p. 94.

Por fim, apresenta-se como modalidade de execução de alimentos a prisão civil. Tendo natureza jurídica coercitiva e não punitiva, objetiva-se com essa prisão compelir o alimentante ao pagamento que lhe foi incumbido por uma obrigação. Entretanto, como bem salienta Cristina Reindolf da Motta,[107] não só para coagir é utilizada tal forma de prisão. Atualmente tem esta modalidade de coerção servindo para "testar" a solvabilidade do devedor, ou seja, se efetivamente possui ou não recursos para arcar com o valor que lhe compete pagar a título de alimentos.

A prestação de alimentos visa a satisfazer as necessidades vitais de quem não as pode prover. Todavia, geralmente tal obrigação está disposta ao pai, que separado da mãe, mantém a obrigação de alimentar o filho e por assim ser, em muitos casos, existe um sentimento de vingança, buscando atingir ex-esposa(o) ou companheira(o), o alimentante deixe de cumprir com a obrigação alimentícia, esquecendo do caráter de necessidade dessa obrigação. Por outro lado, pode o alimentante ter descumprido com a obrigação em decorrência de impossibilidade do mesmo.

É necessário que se diga que somente o descumprimento voluntário e inescusável do dever de alimentar poderá dar ensejo à prisão civil. Dessa forma, a ausência de pagamento involuntário, sem culpa ou vontade do devedor, como nos casos de força maior (evento causado por terceiro) ou caso fortuito (fato que advenha da natureza), não possibilita a aplicação da coerção pessoal. Ainda, estará o devedor isento da prisão se demonstrar que deixou de efetuar o pagamento dos alimentos em razão de justo motivo. Exemplo de justo motivo pode ser a doença do novo cônjuge, a internação hospitalar do ente querido etc.[108]

A prisão civil do devedor de alimentos se justifica pela natureza da obrigação alimentar e o propósito de assegurar a subsistência e, consequentemente, a própria dignidade e integridade do alimentando. Nesse contexto, não só a necessidade mais básica e primitiva do ser vivo, qual seja, alimentação, deverá estar amparada pelo dever alimentar, mas também as condições dignas de sobrevivência, pelo que, nos alimentos, incluem-se todas as despesas necessárias para o sustento do indivíduo, seu vestuário, educação, saúde, habitação.[109]

Tendo em vista que a obrigação de prestar alimentos visa a garantir a dignidade da pessoa humana e que os alimentos compreendem as necessidades vitais de uma determinada pessoa, e, assim, inclui alimentação, vestuário, habitação, bem como as necessidades de lazer, saúde e educação, levando-se em conta: relação de parentesco, possibilidade do alimentante e a necessidade do alimentado é que o constituinte criou a possibilidade de prisão civil do alimentante em face de eventual inadimplemento.

---

[107] MOTTA, Cristina Reindolff. A Constitucionalidade da Prisão Civil do Devedor de Alimentos. In: PORTO, Sérgio Gilberto; USTARRÓZ, Daniel. *Tendências Constitucionais no Direito de Família.* – Estudos em homenagem ao Prof. José Carlos Teixeira Giorgis. Porto Alegre: Livraria do Advogado, 2003, p. 53.

[108] Idem, p. 52.

[109] SPAGNOLO, Juliano. Uma visão dos alimentos através do prisma fundamental da dignidade da pessoa humana. Idem, p. 147.

MULTA E PRISÃO CIVIL

No momento em que criou tal previsão, o constituinte está sobrepondo o direito nuclear da vida em relação ao direito à liberdade e neste ponto não há discussões a se fazer.

Parcela relevante da doutrina e dos julgadores sustenta que o débito alimentar que autoriza a prisão civil do alimentante é o que corresponde a três prestações anteriores ao ajuizamento e às que vencerem no curso do processo, nos termos, aliás, do que está bem claro na Súmula nº 309 do STJ.

Tal orientação de três meses se deve ao fato de que se o alimentado não reclamou do não pagamento por mais de três meses é porque a urgência não se fazia presente. Ademais, a constituição do débito em mais de três meses pode gerar valor que dificilmente poderá ser suportado pelo devedor.

No que diz respeito ao tempo de duração da prisão por dívida de alimentos, alguma controvérsia há na doutrina, principalmente em razão da contradição existente entre o prazo previsto no § 1º do artigo 733 do CPC (mínimo de um e máximo de três meses) e o disposto no artigo 19 da Lei de Alimentos, que estabelece que o prazo de prisão poderá atingir um máximo de 60 dias. Ao que parece, acertada a doutrina que considera válido o prazo de encarceramento de no máximo sessenta dias. A uma por estar previsto em norma especial e posterior ao Código de Processo Civil. A duas, por conter regra mais favorável ao paciente da medida excepcional.[110]

Por fim, importante inferir acerca da existência ou não de ordem de preferência nas formas de execução. Muito se tem visto, na prática forense, a banalização do pedido de prisão civil do devedor de alimentos, visto que forma extremamente eficiente, tanto quanto agressiva.

Ocorre, no entanto, que mesmo em se tratando de execução de prestação alimentícia, válida a norma que estabelece que esta deva ocorrer da forma menos gravosa ao devedor. Nesses casos, a ordem de prevalência das medidas deve ser: a) desconto em folha; b) desconto de aluguéis ou outros rendimentos; c) execução por quantia certa; e d) prisão civil.

Assim, somente quando frustrado um meio, cabível o outro. Ou seja, se o devedor possui vida organizada, trabalho fixo com carteira assinada, certamente lhe será menos gravoso ter parte de seus vencimentos descontados para pagamento da dívida alimentar do que sofrer coação por meio de ameaça de prisão civil, sendo, no caso, tão efetiva a primeira medida quanto à extrema coerção pessoal. Pensar diferente é violar a garantia constitucional do devido processo legal.

3.2.4.2. Depósito judicial

Falando de depósito judicial, de pronto citamos Frederico Marques,[111] que sustenta que as funções do depositário são de direito público. Ele é a *longa manus*

---

[110] PORTO, Sérgio Gilberto. *Doutrina e Prática dos Alimentos*. 3 ed. São Paulo: Revista dos Tribunais, 2003, p. 97.

[111] MARQUES, José Frederico. *Manual de Direito Processual Civil*. São Paulo: Saraiva, 1976, v. IV, p. 163.

do juízo de execuções, seu auxiliar e órgão do processo executório, com poderes e deveres próprios no exercício de suas atribuições.

Por todas estas atribuições, o depositário tem o dever de guardar regularmente a coisa, sem se desfazer desta, a não ser que tenha ordem judicial. Descumpridas estas exigências, o depósito estará violado.

Durante uma execução civil, o depositário pode assumir dois papéis, ao mesmo tempo é executado e depositário, sendo duas relações bem distintas.

Ao sustentar tese oposta, Gelson Amaro de Souza[112] apregoa que o depositário judicial não se sujeita à prisão civil porque se trata, no caso, de depósito atípico, não havendo autorização constitucional para a medida coercitiva. O autor sustenta que não há previsões legais e que as consequências previstas para a responsabilidade do depositário estão no artigo 150 do CPC, que fala somente de ressarcimento por perdas e danos.

Tal posição do autor não pode ser sustentada, uma vez que nada impede de compararmos o depósito judicial a um depósito necessário.

Para que isso ocorra, basta termos presente que a vontade do executado, proprietário do bem penhorado, não pode impedir o ato processual da penhora e do depósito. Em claro português, mesmo que o executado não queira, o depósito se realiza e, ainda que exista uma recusa em assumir o encargo, o depósito não é obstado.

Outro ponto a ser rebatido é que a relação do depositário não nasce com o exequente, e sim com o Estado-Juiz, o qual transfere para aquele o dever de guarda. Nasce, aqui, uma relação contratual processual, decorrente da reforma da Lei nº 11.382/2006, no artigo 666 do CPC.

Sendo assim, a prisão se dá por descumprimento de obrigação assumida, perante o Estado-Juiz. Decorre do não cumprimento da determinação judicial constante do mandado de intimação para que apresente os bens penhorados sob sua guarda.

Não sendo prisão por dívida, nem decorrente de obrigação contratual, a medida coercitiva, por certo, não está vedada pelos pactos Internacionais, estando autorizada pela CF.

3.2.4.3. Alienação fiduciária em garantia

A alienação fiduciária é o contrato no qual uma pessoa aliena à outra um bem, mas permanece proprietária legal do mesmo, mantendo um vínculo de posse indireta. É o caso mais comum dos contratos firmados nas compras de veículos, no qual o consumidor não possui a totalidade do dinheiro para a aquisição do bem

---

[112] SOUZA, Gelson Amaro de. Prisão do depositário judicial – uma prisão costumeira no Terceiro Milênio, *Revista Dialética de Direito Processual*, n. 19, p. 9-24, 2004, p. 14.

e busca uma instituição financeira que adquire o veículo de um revendedor ou da própria fábrica e pactua com o consumidor um contrato de alienação fiduciária, no qual o pagamento da totalidade das parcelas autoriza a transferência do veículo, da financeira para o consumidor. Seu fundamento legal encontra-se na Lei 4.728/65 e no Decreto-Lei 911/69.

Caso ocorra o inadimplemento da obrigação de pagar o contrato de alienação fiduciária, o bem terá que ser devolvido. Caso não seja encontrado ou não mais esteja na posse do devedor, o credor ajuizará uma Ação de Busca e Apreensão do bem e, confirmado o seu desaparecimento, pedirá, conforme o artigo 4º do Decreto Lei 911/69, a conversão do pedido de busca e apreensão para ação de depósito.

O pedido será avaliado pelo juiz que, em primeiro lugar, decidirá sobre a conversão e, se deferida, determinará a citação do devedor para que apresente o bem, ou pague o equivalente, em cinco dias, sob pena de prisão.

Em primeiro lugar, o regime constitucional anterior admitia a prisão civil por dívida do devedor inescusável de alimentos e do depositário infiel, "na forma da lei" (art. 153, § 17º, da EC nº 1/69). Admitia-se então, a equiparação de certos devedores ao depositário infiel, por lei ordinária, para fins de prisão civil. Foi o que legitimou a equiparação feita pelo Decreto-Lei 911/69, entre o devedor da alienação fiduciária e o depositário infiel.

A Constituição vigente, porém, não admite tal equiparação, já que não traz aquela cláusula final (na forma da lei). Assim sendo, não há como se admitir a prisão civil do devedor da alienação fiduciária.

Apenas a título de argumentação, hoje sequer é permitida a prisão civil do depositário infiel, pois o Brasil ratificou o tratado internacional (Pacto de San José), que impede a prisão civil por dívida, em todos os casos, ressalvada a prisão do devedor de alimentos.

Art. 7º Ninguém deve ser detido por dívida: 'este princípio não limita os mandados de autoridade judiciária competente expedidos em virtude de inadimplemento de obrigação alimentar.

Não obstante a previsão de "prisão do depositário" no artigo 5º, LXVII, da Constituição Federal, não há que se esquecer de que o mesmo artigo, no § 2º afirma que "os direitos e garantias expressos nesta Constituição não excluem outros decorrentes do regime e dos princípios por ela adotados, ou dos tratados internacionais em que a República Federativa do Brasil seja parte".

A solucionar eventual conflito aparente de direitos e garantias individuais, mister utilizarmos do princípio da temporariedade, pois a partir do momento em que o próprio constituinte admitiu que normas constantes em Tratados Internacionais também serão garantias individuais e que o Pacto de San José (1992) é posterior a 5/10/88, considera-se, atualmente, proibida a prisão civil do depositário.

Com base nesse entendimento, o Supremo Tribunal Federal revogou a Súmula 691 e pacificou o entendimento pelo qual se tornou inconstitucional qualquer mandado de prisão civil por dívida, exceto do devedor de alimentos.[113]

---

[113] Sobre o entendimento que revogou a Súmula 691 e vedou qualquer mandado de prisão civil por dívida segue decisão do Supremo Tribunal Federal, 2ª Turma, HC 99203 MC/SP, Rel. Min. Carlos Britto, j. 22.05.2009: Vistos, etc. Cuida-se de *habeas corpus* preventivo, aparelhado com pedido de medida liminar, impetrado contra decisão do relator do HC 209740/2009-000-00-00-6, no Tribunal Superior do Trabalho. Decisão que negou seguimento à ação ali ajuizada por entender aplicável ao caso, por analogia, a Orientação Jurisprudencial 100 da SBDI-2 do TST. Orientação segundo a qual "não cabe recurso ordinário para o TST de decisão proferida pelo Tribunal Regional do Trabalho em agravo regimental interposto contra despacho que concede ou não liminar em ação cautelar ou em mandado de segurança, uma vez que o processo ainda pende de decisão definitiva do Tribunal *a quo*" (fls. 89). 2. Pois bem, os impetrantes sustentam a evidente ilegalidade da decisão que decretou a prisão civil do paciente. Anotam que o Supremo Tribunal Federal já pacificou o entendimento de inconstitucionalidade da prisão civil por força de dívida, determinando, inclusive, o cancelamento da Súmula 619 do STF. Pelo que são manifestamente abusivas as decisões proferidas tanto pelo Tribunal Regional do Trabalho da 15ª Região quanto pelo TST. Isto porque não há "qualquer fundamento legal para a decretação da prisão civil de depositário" (fls. 10). Daí pugnar a defesa pela concessão de medida liminar que suspenda "qualquer ordem de prisão emitida em desfavor do paciente FERNANDO MACHADO SCHINCARIOL, nos autos da Reclamação Trabalhista 402/2006-4 da 2ª Vara do Trabalho de Assis/SP…" (fls. 11). No mérito, o pedido é de deferimento do habeas corpus para que se declare a ilegalidade da prisão civil do depositário infiel. 3. Eis o quadro empírico da causa: a) o paciente foi nomeado depositário de veículo (caminhão) penhorado nos autos de reclamação trabalhista; b) deu-se o leilão e a arrematação do referido bem, em 14/10/2008; c) o depositário requereu a expedição de mandado de constatação do paradeiro do veículo, informando o endereço de sua possível localização; d) o Juízo processante da causa entendeu protelatório o pedido defensivo e determinou que o paciente "apresente o bem penhorado no estado em que se encontrava por ocasião da penhora e depósito", sob pena de prisão civil por 90 (noventa) dias. 4. Feito este aligeirado relato da causa, decido. Fazendo-o, anoto que é pacífica a jurisprudência deste STF no sentido da inadmissibilidade de impetração sucessiva de habeas corpus, sem o julgamento definitivo do writ anteriormente impetrado (cf. HC 79.776, Rel. Min. Moreira Alves; HC 76.347-QO, Rel. Min. Moreira Alves; HC 79.238, Rel. Min. Moreira Alves; HC 79.748, Rel. Min. Celso de Mello; e HC 79.775, Rel. Min. Maurício Corrêa). Jurisprudência, essa, que foi sumulada no verbete nº 691, segundo o qual "não compete ao Supremo Tribunal Federal conhecer de habeas corpus impetrado contra decisão do Relator que, em habeas corpus requerido a tribunal superior, indefere a liminar". 5. É certo que tal jurisprudência comporta relativização, quando de logo avulta que o cerceio à liberdade de locomoção do paciente decorre de ilegalidade ou de abuso de poder (inciso LXVIII do art. 5º da CF/88). No caso, tenho como presentes os requisitos necessários ao deferimento da medida cautelar, não obstante o enunciado da Súmula 691/STF. É que a tese veiculada na impetração se me afigura rimada com a recente orientação jurisprudencial deste Supremo Tribunal Federal, de que é exemplo o HC 95.170, de minha relatoria: "HABEAS CORPUS. SALVO-CONDUTO. PRISÃO CIVIL. DEPOSITÁRIO JUDICIAL. DÍVIDA DE CARÁTER NÃO ALIMENTAR. IMPOSSIBILIDADE. ORDEM CONCEDIDA. 1. O Plenário do Supremo Tribunal Federal firmou a orientação de que só é possível a prisão civil do "responsável pelo inadimplemento voluntário e inescusável de obrigação alimentícia" (inciso LXVII do art. 5º da CF/88). Precedentes: HCs 87.585 e 92.566, da relatoria do ministro Marco Aurélio. 2. A norma que se extrai do inciso LXVII do artigo 5º da Constituição Federal é de eficácia restringível. Pelo que as duas exceções nela contidas podem ser aportadas por lei, quebrantando, assim, a força protetora da proibição, como regra geral, da prisão civil por dívida. 3. O Pacto de San José da Costa Rica (ratificado pelo Brasil – Decreto 678, de 6 de novembro de 1992), para valer como norma jurídica interna do Brasil, há de ter como fundamento de validade o § 2º do artigo 5º da Magna Carta. A se contrapor, então, a qualquer norma ordinária originariamente brasileira que preveja a prisão civil por dívida. Noutros termos: o Pacto de San José da Costa Rica, passando a ter como fundamento de validade o § 2º do art. 5º da CF/88, prevalece como norma supralegal em nossa ordem jurídica interna e, assim, proíbe a prisão civil por dívida. Não é norma constitucional – à falta do rito exigido pelo § 3º do art. 5º –, mas a sua hierarquia intermediária de norma supralegal autoriza afastar regra ordinária brasileira que possibilite a prisão civil por dívida. 4. No caso, o paciente corre o risco de ver contra si expedido mandado prisional por se encontrar na situação de infiel depositário judicial. Superação do óbice da Súmula 691/STF. 5. Habeas corpus não conhecido. Ordem concedida de ofício. 6. Esse o quadro, defiro a liminar requestada. O que faço para suspender a eficácia da ordem prisional civil, decretada nos autos da reclamação trabalhista nº 402/2006-4, em curso na 2ª Vara do Trabalho de Assis/SP; reservando-me, é claro, para um mais detido exame da causa por ocasião do julgamento de mérito deste HC. 7. Requisitem-se informações ao Tribunal Superior do Trabalho (HC 209740/2009-000-00-00-6); ao Tribunal Regional da 15ª Região, bem como à 2ª Vara do Trabalho de Assis/SP; facultada a prestação de esclarecimentos sobre a petição inicial desta ação (cuja cópia acompanhará o expediente). Comunique-se, com a máxima urgência. Publique-se. Brasília, 22 de maio de 2009. Ministro CARLOS AYRES BRITTO Relator.

MULTA E PRISÃO CIVIL

4. Admissibilidade da prisão por *contempt of court* no Brasil como meio de coerção

Ao longo do presente trabalho, tivemos a pretensão de demonstrar o funcionamento do instituto do *contempt of court* na experiência norte-americana, bem como este tem obtido, a nosso ver, êxito na proteção da respeitabilidade das decisões judiciais. Ainda, tratamos do que seria a reprodução, no Brasil, do mencionado instituto, o qual, segundo parte da doutrina, foi adotado em território nacional quando da alteração do artigo 14 do Código de Processo Civil.

Ainda, trouxemos a lume estudo acerca dos meios de coerção comumente utilizados no nosso Direito, em especial a multa cominatória (*astreinte*) e a prisão civil (por dívida de alimentos, depositário infiel e na alienação fiduciária).

Cumpre agora, portanto, abordar a possibilidade ou não da utilização da prisão por *contempt of court* como meio de coerção. De início, há que se referir que não se está a tratar da dívida advinda do descumprimento de uma obrigação, como no caso do devedor de alimentos ou do depositário infiel, mas sim àquela relacionada ao desrespeito à autoridade do juiz, que ao emanar uma ordem, é desatendido.

Assim, para que seja possível analisar o cabimento ou não da prisão por *contempt of court* no direito brasileiro, *mister* verificar quais os princípios e valores estão envolvidos quando tratamos do tema, bem como a colisão desses princípios e a forma como devem ser resolvidas a antinomias advindas de tal aplicação. Por certo que, ao se falar em prisão civil, está ínsito à limitação de um ou alguns direitos fundamentais, como, por exemplo, a liberdade, dignidade etc. Outrossim, inegável que somente para preservação de direitos da mesma ou maior magnitude poderia se pensar na mitigação daquelas garantias individuais, sendo inegável o conflito.

Portanto, neste capítulo, trataremos brevemente acerca da tutela dos direitos fundamentais na constituição de 1988, bem como analisaremos as hipóteses de conflito de princípios na aplicação da prisão civil por *contempt of court* como forma de coerção e, por fim, a abertura material dos meios coercitivos perpetrada no § 5º do artigo 461 do Código de Processo Civil.

4.1. CONFLITO DE PRINCÍPIOS

Como dito, a análise da possibilidade de aplicação ou não da prisão civil por *contempt of court* como meio de coerção no direito brasileiro depende, sobremaneira, da prévia verificação dos princípios envolvidos e potencial colisão destes. Mas antes que se trate do conflito, há que se delinear, com alguma clareza, o que são princípios jurídicos.

Grande expoente do tema, Robert Alexy, inspirado nas ideias de Dworkin, divide as normas jurídicas, segundo o critério de sua estrutura lógica, em duas categorias distintas, quais sejam, as regras e os princípios.[114] As regras são normas que possuem uma estrutura fechada, isto é, possuem a previsão expressa de uma conduta determinada, qualificada como permitida, obrigatória ou proibida. Trata-se, pois, da concepção usual que se tem de norma jurídica, ou seja, uma prescrição de dada conduta como devida, associada à previsão das condições fáticas necessárias para que tal prescrição incida.[115]

Ao contrário, quando se refere a princípios, estamos diante de normas dotadas de estrutura aberta, que não comandam a realização de uma conduta específica, mas sim ordenam que se realize algo na maior medida possível, em relação às possibilidades jurídicas e fáticas. São, portanto, mandados de otimização, que podem ser cumpridos em diferentes graus e que a medida do seu cumprimento não depende só das possibilidades reais, mas também das jurídicas.[116]

Da definição, já é possível perceber que as regras se distinguem dos princípios, principalmente, no que diz respeito ao modo de aplicação. As regras, por se tratarem de mandados definitivos, nas quais uma determinada conduta é prescrita como obrigatória, permitida ou proibida, aplicam-se por subsunção. Já os princípios, por serem mandados de otimização, não se aplicam com base na subsunção, mas sim por meio de ponderação, dado o caráter aberto de tais normas. No caso dos princípios, não há apenas um que se subsume ao fato, como nas normas, mas sim, a necessidade de que o operador jurídico, por meio de intensa atividade valorativa, escolha um dentre vários caminhos que se revelam igualmente possíveis, à luz da respectiva norma.[117]

Assim, no conflito entre regras, temos uma antinomia jurídica, a qual será necessariamente solucionada, por critérios fornecidos pelo próprio sistema, de forma a ser aplicada somente uma das regras, excluindo-se a outra. Já os princípios, por não conterem previsões específicas e, sim, o reconhecimento de fins, somente

---

[114] GUERRA, Marcelo Lima. *Direitos Fundamentais e Proteção do Credor na Execução Civil*. São Paulo: Revista dos Tribunais, 2003, p. 84.

[115] ALEXY, Robert. *Teoría de los Derechos Fundamentales*. 2. ed. Madrid: Centro de Estudios Politicos y Constitucionales, 2007, p. 87.

[116] Idem, p. 86.

[117] GUERRA, Marcelo Lima. *Direitos Fundamentais e Proteção do Credor na Execução Civil*. São Paulo: Revista dos Tribunais, 2003, p. 85.

entrarão em rota de colisão no momento em que forem concretizados, devendo o operador, neste caso, compatibilizar ambos os princípios em conflito, de forma a, mesmo que venha a privilegiar um em detrimento de outro, manter ambos igualmente válidos.

Adiante, trataremos especificamente da colisão de princípios existente para aplicação da prisão civil por *contempt of court,* bem como a forma de solucionar tal colisão. Não sem antes, no entanto, tecermos alguns comentários acerca da evolução dos direitos fundamentais e sua apresentação na Constituição Federal, sendo estes positivados no ordenamento jurídico por meio de normas com estrutura de princípio.

4.1.1. Os direitos fundamentais na CF/88

Antes de adentrar especificamente à tutela dos direitos fundamentais na Constituição de 1988, cumpre discorrer brevemente acerca do desenvolvimento histórico-constitucional[118] de tais direitos no Brasil.

Não só a atual carta política previu, em seu bojo, direitos fundamentais. Já a Constituição do Império, de 1824, em seu artigo 179, dotada de trinta e cinco incisos, trazia tal previsão. Tratava-se, na época, de direitos semelhantes aos então encontrados nos textos constitucionais dos Estados Unidos e da França.

No entanto, há que se lembrar que, em razão da criação do Poder Moderador, que concedia ao imperador poderes constitucionalmente ilimitados, restou prejudicada a concretização dos mencionados direitos fundamentais, ainda que previstos na Constituição.

A Constituição Republicana de 1891 repete o rol de direitos fundamentais previstos na Carta de 1824, o fazendo no artigo 72, composto de trinta e um parágrafos. À lista contida no mencionado artigo 72, são feitos relevantes acréscimos, dentre os quais se destacam o reconhecimento do direito de reunião e de associação, amplas garantias penais e o instituto do *habeas corpus,* que até então possuía apenas previsão infraconstitucional. Ainda, outra importante diferença com relação à Constituição de 1824 é a extensão de tais direitos aos estrangeiros residentes no país, enquanto a anterior redação os reconhecia apenas aos cidadãos brasileiros.

Seguiram-se as Constituições de 1934, 1937, 1946, e 1967/1969, todas contando com o mesmo "catálogo" de direitos fundamentais encontrado na Constituição de 1891. Importante inovação ocorre a partir da Constituição de 1934, com a previsão de alguns direitos sociais, tais como o direito à subsistência, à assistência aos indigentes, bem como a criação dos institutos do mandado de segurança e da ação popular.

---

[118] Desenvolvimento histórico-constitucional elaborado com base na obra de Dimitri Dimoulis e Leonardo Martins. DIMOLIUS, Dimitri; MARTINS, Leonardo. *Teoria Geral dos Direitos Fundamentais.* São Paulo: Revista dos Tribunais, 2007, p. 36.

Finalmente, chega-se à Constituição de 1988. Festejada por ter sido promulgada após um longo período de ditadura militar, momento em que foram suprimidos diversos direitos e garantias individuais, é saudada por dar, pela primeira vez na história do constitucionalismo pátrio, a devida relevância aos direitos fundamentais.

Digno de registro, pela importância que tem na elaboração do catálogo de direitos fundamentais constantes na atual Constituição está o seu processo de elaboração. Com a redemocratização do país, foi possível amplo debate acerca do conteúdo da atual Carta Política, sendo que as eleições livres que redundaram na instalação da Assembleia Nacional Constituinte, em 1º de fevereiro de 1987, lhe emprestam legitimidade, muito embora, por vezes, contestada.

Ingo Wolfgang Sarlet[119] reconhece três principais características na Constituição de 1988, extensivas, ao menos em parte, ao título dos direitos fundamentais, a saber: seu caráter analítico, o pluralismo e o seu cunho programático e dirigente.

O caráter analítico da Constituição de 1988 fica evidente face ao grande número de dispositivos legais nela contidos: ao todo 246 artigos e 74 disposições transitórias. O cunho analítico também se estende ao título que cuida dos Direitos e Garantias Fundamentais, que contém sete artigos, seis parágrafos e cento e nove incisos.

De se identificar, na prolixidade da atual Constituição, certa reticência do legislador constituinte em relação ao legislador infraconstitucional, visando, por tal razão, a salvaguardar o maior número de conquistas e reivindicações contra eventual supressão pelos Poderes constituídos. Paulo Bonavides[120] identifica prováveis causas para a existência de Constituições inchadas como a de 1988, citando:

> A preocupação de dotar certos institutos de proteção eficaz, o sentimento de que a rigidez constitucional é anteparo ao exercício discricionário da autoridade, o anseio de conferir estabilidade ao direito legislado sobre determinadas matérias em enfim, a conveniência de atribuir ao Estado, através do mais alto instrumento jurídico que é a Constituição, os encargos indispensáveis à manutenção da paz social.

Talvez o próprio momento histórico em que redigida a Constituição de 1988, após longo período de supressão de direitos e liberdades individuais perpetrados pela ditadura militar fizeram com o que o legislador agisse de forma analítica, visando à proteção máxima. Logo, também no temor de retrocesso nas conquistas e reivindicações, reside o caráter analítico da atual Constituição.

Outra característica de relevância é o pluralismo. Identifica-se este no caráter compromissário, vez que o Constituinte acabou optando pela conciliação de posições e reivindicações que, por vezes, se mostravam antagônicas entre si, atendendo

---

[119] SARLET, Ingo Wolfgang. *A Eficácia dos Direitos Fundamentais – Uma Teoria Geral dos Direitos Fundamentais na Perspectiva Constitucional.* 10. ed. Porto Alegre: Livraria do Advogado, 2009, p. 64.

[120] BONAVIDES, Paulo. *Curso de Direito Constitucional.* 16. ed. São Paulo: Malheiros Editores, 2005, p. 92.

as mais diversas pressões políticas perpetradas por diferentes grupos de pensamento envolvidos no processo Constituinte.[121]

Marcelo Campos Galuppo[122] faz referência ao pluralismo como sendo a coexistência de projetos distintos, por meio da harmonização das pretensões de vários grupos em se tornarem hegemônicos, o que somente é possível em uma sociedade tolerante. Refere o autor que a Constituição Federal brasileira, em seu preâmbulo, afirma o pluralismo.

No que se refere ao título dos direitos fundamentais, também estão impregnados do pluralismo. Há, na Constituição, uma reunião de dispositivos que reconhecem vasta gama de direitos sociais, junto dos clássicos e de diversos novos direitos, tais como os direitos políticos, à liberdade, entre tantos outros, não aderindo o legislador Constituinte a apenas uma teoria dos direitos fundamentais.[123]

Como última característica, cita-se o cunho programático. Isso quer dizer que a Constituição Federal é composta por diversas disposições que dependem de regulamentação legislativa, servindo como diretrizes, programas, a serem buscados pela administração pública.

Importante ressaltar que na ceara dos direitos fundamentais, a atual Constituição foi inovadora frente às demais. Primeiramente pelo destaque que deu aos direitos de tal natureza, colocando-os em situação topográfica privilegiada, positivando-os nos seus dispositivos iniciais.

Outra inovação importante, talvez a mais significativa, diz respeito à previsão contida no artigo 5º, § 1º, da CF. De acordo com este dispositivo, os direitos e garantias fundamentais possuem aplicabilidade imediata, afastando, em princípio, o cunho programático destes preceitos.

Ainda é razão de dúvida entre a doutrina o alcance da autoaplicabilidade dos direitos fundamentais. Entretanto, certo é que receberam *status* jurídico diferenciado, sendo reforçados na Constituição atual.

Também passível de registro, o amplo catálogo de direitos fundamentais positivados. Somente a título exemplificativo, o artigo 5º possui 78 incisos, sendo que o artigo 7º, em seus 34 incisos, prevê um amplo rol de direitos sociais do trabalhador. Nesse contexto, temos que a CF/88 consagra um amplo espectro de direitos fundamentais, de todas as dimensões, sendo que muitos deles, como, por exemplo, os de terceira e quarta dimensão, situam-se fora do título dos direitos fundamentais.

---

[121] SARLET, Ingo Wolfgang. *A Eficácia dos Direitos Fundamentais – Uma Teoria Geral dos Direitos Fundamentais na Perspectiva Constitucional.* 10. ed. Porto Alegre: Livraria do Advogado, 2009, p. 65.

[122] GALUPPO, Marcelo Campos. Hermenêutica Constitucional e Pluralismo. In: SAMPAIO, José Adércio Leite; CRUZ, Álvaro Ricardo de Souza. *Hermenêutica e Jurisdição Constitucional.* Belo Horizonte: Del Rey, 2001, p. 53.

[123] SARLET, Ingo Wolfgang. *A Eficácia dos Direitos Fundamentais – Uma Teoria Geral dos Direitos Fundamentais na Perspectiva Constitucional.* 10. ed. Porto Alegre: Livraria do Advogado, 2009, p. 65.

No entanto, não só de boas novas vive a Constituição. Algumas de suas características são alvo de críticas. A primeira delas é a falta de rigor científico e uma técnica legislativa adequada, o que faz com que existam, principalmente no que toca aos direitos fundamentais, contradições e ausência de tratamento lógico da matéria que ensejam problemas de ordem hermenêutica.

Outro ponto criticável da atual Constituição é que, em que pese tenha consagrado uma ampla gama de direitos fundamentais, pela amplitude do catálogo apresentado, acaba incluindo dentre estes posições jurídicas que carecem de fundamentalidade. Ou seja, dentre o rol de direitos fundamentais elencados, encontram-se diversos preceitos que, não obstante a sua importância, não revelam qualquer característica de direitos fundamentais, tratando-se, em verdade, de normas organizacionais ou, até mesmo, de natureza penal.[124]

Assim, mesmo passível de críticas e havendo muito o que avançar, é inegável que a Constituição Federal de 1988 representou um enorme avanço no que diz respeito aos direitos fundamentais. Estão estes vivendo o seu melhor momento histórico no país, o que deve, sim, ser saudado, mas também preservado com a comunhão de esforços de toda a sociedade.

4.1.2. O pacto de San José da Costa Rica e o direito fundamental à tutela jurídica efetiva

Passando ao trato específico das eventuais colisões de princípios, bem dizer, representados pelo conflito entre diferentes direitos fundamentais quando se fala em aplicação da prisão civil por *contempt of court,* abordaremos, de início, a suposta contradição existente entre as normas constantes no Pacto de *San* José da Costa Rica e o direito fundamental à tutela jurídica efetiva. Assim, o que se pretende demonstrar é a viabilidade ou não da utilização da prisão civil por *contempt of court* como meio de coerção (execução indireta) para realização do direito fundamental à tutela jurídica efetiva, em contraposição aos dizeres no mencionado pacto internacional.

A matéria, com essa roupagem, ainda não possui qualquer precedente nos nossos tribunais. No entanto, a discussão acerca da possibilidade de prisão civil do depositário infiel já fora travada no Supremo Tribunal Federal, prevalecendo a vedação desta, com o acolhimento da tese da "supralegalidade" dos tratados internacionais de direitos humanos. A abordagem dada no julgado, ainda que não diga respeito à prisão civil por *contempt of court,* mas do depositário infiel, é perfeitamente válida no caso, visto que os argumentos para vedação da utilização da técnica de coerção pela prisão por *contempt* seriam os mesmos do já mencionado acórdão.[125]

---

[124] SARLET, Ingo Wolfgang. *A Eficácia dos Direitos Fundamentais – Uma Teoria Geral dos Direitos Fundamentais na Perspectiva Constitucional.* 10. ed. Porto Alegre: Livraria do Advogado, 2009, p. 68.

[125] Trata-se de acórdão prolatado pelo Pleno do STF, quando do julgamento do Recurso Extraordinário nº 349.703-1, DJ: 05/06/2009. Inteiro teor como apêndice a este trabalho.

Para melhor entendimento da adoção pelo STF da tese de "supralegalidade" dos tratados internacionais de direitos humanos firmados antes da edição da Emenda Constitucional nº 45/04, colhemos trecho do voto do Ministro Gilmar Mendes posto na decisão que aqui comentamos:

> Não se pode negar, por outro lado, que a reforma também acabou por ressaltar o caráter especial dos tratados de direitos humanos em relação aos demais tratados de reciprocidade entre os Estados pactuantes, conferindo-lhes lugar privilegiado no ordenamento jurídico.
>
> Em outros termos, solucionando a questão para o futuro – em que os tratados de direitos humanos, para ingressarem no ordenamento jurídico na qualidade de emendas constitucionais, terão que ser aprovados em quorum especial nas duas Casas do Congresso Nacional – a mudança constitucional ao menos acena para a insuficiência da tese da legalidade ordinária dos tratados e convenções internacionais já ratificados pelo Brasil, a qual tem sido preconizado pela jurisprudência do Supremo Tribunal Federal desde o remoto julgamento do RE nº 80.004/SE, de relatoria do Ministro Xavier de Albuquerque (julgado em 1.6.1977; DJ 29.12.1977) e encontra respaldo em um largo repertório de casos julgados após o advento da Constituição de 1988.
>
> Por conseguinte, parece mais consistente a interpretação que atribui características de "supralegalidade" aos tratados e convenções de direitos humanos. Essa tese pugna pelo argumento de que os tratados sobre direitos humanos seriam infraconstitucionais, porém diante de seu caráter especial em relação aos demais atos normativos internacionais, também seriam dotados de um atributo de "supralegalidade".
>
> Em outros termos, os tratados sobre direitos humanos não poderiam afrontar a supremacia da Constituição, mas teriam lugar especial reservado no ordenamento jurídico. Equipará-los à legislação ordinária seria subestimar o seu valor especial no contexto do sistema de proteção dos direitos da pessoa humana.

Note-se, portanto, que a solução adotada pelo Ministro Gilmar Mendes dá tratamento diverso a tratados internacionais de direitos humanos firmados antes e depois da Emenda Constitucional nº 45/04. Os tratados firmados posteriormente à edição da referida emenda deverão, necessariamente, passar pelo crivo do Congresso Nacional e, após aprovados, terão *status* de emenda constitucional.

Já os tratados de direitos humanos firmados antes da emenda, como o caso do Pacto de San José da Costa Rica, ingressariam no sistema em posição hierarquicamente inferior à Constituição, mas na "especial" condição de norma supralegal, ou seja, posicionada acima das leis ordinárias.

De início, em que pese não concordarmos com a solução adotada pelo Supremo quanto à posição hierárquica dos tratados de direitos humanos, há que se ressaltar que a decisão rompeu com a tradição da Corte de equiparar os mencionados tratados às leis ordinárias, o que deve ser saudado.

Entretanto, como veremos a seguir, melhor teria andado a decisão se colocasse os tratados internacionais de direitos humanos em pé de igualdade com a Constituição. Antes disso, é válido mencionarmos os motivos que levaram o Ministro Gilmar Mendes a optar pela corrente da "supralegalidade" dos tratados.

Conforme se depreende do voto do nominado Ministro, fica aparente o seu "temor" em equiparar os tratados internacionais à Constituição, visto que "fugiria" ao controle do Supremo Tribunal Federal o exame da constitucionalidade do tratado. Ao que parece, o Ministro Gilmar Mendes, no afã de afastar qualquer possibilidade de inclusão de norma que formalmente tratasse de direitos humanos, mas materialmente não ingressasse no sistema jurídico pátrio em condição equiparada à Constituição, acabou por criar a figura da supralegalidade dos tratados internacionais de direitos humanos.

Assim, ao analisar o caso concreto, o Ministro Gilmar Mendes chegou à solução de que é impossível a prisão civil do depositário infiel devido ao fato de o Pacto de San José da Costa Rica ter sido recepcionado no sistema jurídico pátrio como norma de hierarquia supralegal, ou seja, hierarquicamente abaixo da Constituição, mas acima das leis ordinárias. Com isso, tal modalidade de prisão seria impossível em razão da eficácia "paralisante" de qualquer disciplina normativa que contrarie o disposto no tratado internacional de direitos humanos, pela sua condição especial. Nos dizeres do Ministro Gilmar Mendes:

> Assim, a premente necessidade de se dar efetividade à proteção dos direitos humanos nos planos interno e internacional tornou imperiosa uma mudança de posição quanto ao papel dos tratados internacionais sobre direitos na ordem jurídica nacional.
>
> Era necessário assumir uma postura jurisdicional mais adequada às realidades emergentes em âmbitos supranacionais, voltadas primordialmente à proteção do ser humano.
>
> Como enfatiza Caçando Trindade, "a tendência constitucional contemporânea de dispensar um tratamento especial aos direitos humanos é, pois, sintomática de uma escala de valores na qual o ser humano passa a ocupar posição central".
>
> Portanto, diante do inequívoco caráter especial dos tratados internacionais que cuidam da proteção dos direitos humanos, não é difícil entender que a sua internalização no ordenamento jurídico, por meio do procedimento de ratificação previsto na Constituição, tem o condão de paralisar a eficácia jurídica de toda e qualquer disciplina normativa infraconstitucional com ela conflitante.
>
> Nesse sentido, é possível concluir que, diante da supremacia da Constituição sobre os atos normativos internacionais, a previsão constitucional da prisão civil do depositário infiel (art. 5º, LXVII) não foi revogada pela adesão do Brasil ao Pacto Internacional dos Direitos Civil e Políticos (art. 11) e à Convenção Americana sobre Direitos Humanos – Pacto de *San* José da Costa Rica (art. 7º, 7), mas deixou de ter aplicabilidade diante do efeito paralisante desses tratados em relação à legislação infraconstitucional que disciplina a matéria, incluídos o art. 1.287 do Código Civil de 1916 e o Decreto-Lei n. 911, de 1º-10-1969.

Ocorre, entretanto, que, assim decidindo, a Corte Suprema, seguindo a linha mestra traçada pelo Ministro Gilmar Mendes, acabou, na nossa ótica, errando três vezes. Primeiro, pelo fato de colocar os tratados internacionais de direitos humanos em patamar infraconstitucional, ainda que acima da lei ordinária, enfraquecendo as garantias fundamentais. Dito isso, explica-se.

A Constituição, no § 2º do artigo 5º, consagrou o catálogo aberto, meramente exemplificativo dos direitos e garantias fundamentais, deixando espaço para adição de eventuais garantias, inclusive aquelas reconhecidas em tratados ou convenções internacionais. Logo, os tratados internacionais de direitos humanos firmados antes da Emenda Constitucional nº 45/04, por possuírem conteúdo materialmente constitucional, foram recepcionados com status de norma constitucional, não cabendo, a nosso ver, falar de supralegalidade.

O segundo equívoco que apontamos diz respeito ao disposto no § 1º do artigo 5º da Constituição, que refere expressamente que os direitos e garantias fundamentais têm aplicação imediata. Ocorre que, no momento em que o Ministro Gilmar Mendes refere que a norma constitucional que trata da prisão civil do depositário infiel não foi revogada, mas apenas tem sua eficácia paralisada pela incompatibilidade com as normas infraconstitucionais, acaba atrelando a aplicação deste dispositivo constitucional à existência de norma regulamentadora, o que contraria o texto da própria Constituição.

Por fim, como último "erro" a ser apontado, temos a própria contradição criada pelo julgado, na medida em que, ao afirmar que os tratados internacionais são hierarquicamente inferiores à Constituição, declara válida a disposição constitucional que prevê a prisão civil do depositário infiel, restando contraditória a fundamentação com o resultado do julgado.

A nosso ver, melhor teria andado a Corte Suprema se seguisse o posicionamento externado no voto do Ministro Celso de Mello, que considerou: a) tratados internacionais de direitos humanos celebrados pelo Brasil ou aos quais o país aderiu e foram regularmente incorporados à ordem interna em momento anterior à promulgação da Constituição de 1988 – revestem-se de índole constitucional, porque formalmente recebidos nesta condição, conforme disposto no § 2º do artigo 5º da CF/88; b) tratados internacionais de direitos humanos que celebrados ou que venham a ser celebrados após a Emenda Constitucional nº 45/04 – essas disposições, para se impregnarem de natureza constitucional deverão observar o procedimento previsto pelo § 3º do artigo 5º da CF/88 e c) tratados internacionais de direitos humanos celebrados no ínterim entre a promulgação da Constituição de 1988 e a edição da Emenda Constitucional nº 45/04 – tais tratados têm caráter materialmente constitucional, porque esta qualificada hierarquia jurídica lhes é transmitida por efeito de sua inclusão no bloco de constitucionalidade que é a somatória daquilo que se adiciona à Constituição escrita, em função dos valores e princípios nela consagrados.

Tal posicionamento, por certo, privilegia a consagração dos direitos e garantias fundamentais, permitindo que tratados internacionais complementem o rol aberto das garantias fundamentais elencadas na Constituição. Ainda, resolveria o alegado problema da aplicação direta das garantias fundamentais, bem como desfaria a contradição existente no julgado, já que elevaria a antinomia entre a norma que prevê a prisão civil do depositário infiel e a norma internacional que veda a prisão civil por dívida ao mesmo patamar hierárquico, cabendo, por meio da aplicação do princípio da proporcionalidade e métodos de interpretação constitucional a solução para tal conflito.

Assim, da mesma forma deve ocorrer quando verificada a antinomia do direito fundamental à tutela jurisdicional efetiva com o direito à liberdade sufragada no Pacto de San José da Costa Rica. A vedação da prisão por dívida prevista no referido tratado, ao invés de norma de caráter "supralegal", deve possuir *status* constitucional, cabendo ao intérprete, de uso da proporcionalidade, ponderar os princípios postos em colisão, fazendo prevalecer aquele que preserva a unidade do sistema.

Portanto, ainda que o tratado internacional vede a prisão por dívida, sendo reconhecida a sua equivalência ao texto constitucional, não está de todo afastada a hipótese de utilização da prisão civil por *contempt of court* como técnica de coerção. Isso porque a aferição do princípio fundamental que deve prevalecer há de ser feita no caso concreto, momento oportuno para ponderar se, para manutenção da coerência do sistema é desejável mitigar a garantia fundamental da efetividade do processo em privilégio à norma internacional, ou relativizar esta em atendimento à efetividade.

4.1.3. O direito fundamental à liberdade e a prisão civil por *contempt of court*

Quando se trata de prisão, o primeiro direito fundamental a ser mitigado, sem sombra de dúvidas é a liberdade. Assim, cumpre já de início tecer algumas observações sobre o direito à liberdade para, após, contrapô-lo à prisão civil com o fito de chegarmos a uma solução hermenêutica possível, demonstrando como a técnica interpretativa há de ser empregada em um caso concreto que envolva tal antinomia.

O direito à liberdade pertencente aos denominados direitos da primeira geração tem sua origem, se é que se pode dizer assim, em um longo período de lutas para a sua consagração. Portanto, falar do direito à liberdade é, antes de mais nada, recapitular o contexto histórico em que foi consagrado.

Nesta quadra, remonta o direito à liberdade aos ideais da revolução francesa. A tomada da Bastilha e o massacre dos nobres no período revolucionário deflagraram o movimento que culmina com a decapitação de Luís XVI e o fim do Antigo Regime. No entanto, em que pese todo o sacrifício, a revolução francesa consolida as aspirações somente da burguesia.[126]

Exatamente por isso, a primeira geração dos direitos fundamentais está assentada principalmente na palavra inicial do *slogan* da revolução francesa, qual seja, a liberdade. Consolida-se, assim, a liberdade de locomoção, após um século do *Ha-*

---

[126] CRUZ, Álvaro Ricardo de Souza. Processo Constitucional e a Efetividade dos Direitos Fundamentais. In: SAMPAIO, José Adércio Leite; CRUZ, Álvaro Ricardo de Souza. *Hermenêutica e Jurisdição Constitucional.* Belo Horizonte: Del Rey, 2001, p. 207.

beas Corpus Act da Inglaterra. Declara-se a liberdade profissional, extinguindo-se os privilégios feudais. Consagra-se a liberdade de expressão e religiosa com o fim da censura às obras literárias, artísticas e científicas. Declaram-se os direitos políticos, com previsão da participação popular na construção do conceito de soberania.

Assim, os direitos fundamentais, em especial o direito à liberdade, ao menos nas primeiras Constituições escritas, reflete o pensamento liberal-burguês do século XVIII, de forte cunho individualista. Nessa senda, a primeira geração de direitos fundamentais, dentre as quais se inclui o direito à liberdade, possui forte traço de defesa do cidadão frente à intervenção do Estado. São, portanto, direitos de cunho negativo, vez que voltados a uma abstenção e não a um fazer por parte dos poderes públicos.[127]

Identificando o caráter "negativo" dos direitos fundamentais de primeira geração, válida a lição de Heloisa Helena Nascimento Rocha:[128]

> No paradigma do estado liberal, a partir de uma perspectiva de separação profunda entre a esfera privada e a esfera pública política, os direitos fundamentais são interpretados como uma garantia de não ingerência do Estado na esfera social, permitindo que cada indivíduo busque por si só a felicidade. O homem passa a assumir dois papéis: o de sujeito privado e o de cidadão. A autonomia divide-se em privada, garantida pelos direitos individuais de igualdade e liberdade, e pública, consubstanciada na sabedoria popular, pelo exercício dos direitos políticos. O primado da autonomia privada dos indivíduos parte do pressuposto de que é na esfera social que o homem pode alcançar a felicidade. A igualdade perante a lei e a liberdade de fazer tudo aquilo que não fosse proibido bastaria para o alcance do sucesso.

Logo, trata-se de direitos que permitem aos indivíduos resistirem a uma possível atuação do Estado. A essência do direito está na proibição imediata de interferência imposta pelo Estado. É, pois, um direito negativo por gerar a obrigação negativa endereçada ao Estado de deixar de fazer algo, ou seja, abster-se da intervenção na esfera de liberdade garantida pela Constituição.[129]

Paulo Bonavides, ao analisar os direitos fundamentais da primeira geração leciona com precisão:

> Os direitos da primeira geração são os direitos da liberdade, os primeiros a constarem do instrumento normativo constitucional, a saber, os direitos civis e políticos, que em grande parte correspondem, por um prisma histórico, àquela fase inaugural do constitucionalismo do Ocidente.
>
> [...]

---

[127] SARLET, Ingo Wolfgang. *A Eficácia dos Direitos Fundamentais – Uma Teoria Geral dos Direitos Fundamentais na Perspectiva Constitucional*. 10. ed. Porto Alegre: Livraria do Advogado, 2009, p. 47.

[128] ROCHA, Heloisa Helena Nascimento. Elementos para uma Compreensão Constitucionalmente Adequada dos Direitos Fundamentais. In: CATTONI, Marcelo. *Jurisdição e Hermenêutica Constitucional*. Belo Horizonte: Mandamentos, 2004, p. 233.

[129] DIMOLIUS, Dimitri; MARTINS, Leonardo. *Teoria Geral dos Direitos Fundamentais*. São Paulo: Revista dos Tribunais, 2007, p. 65.

Os direitos da primeira geração ou direitos da liberdade têm por titular o indivíduo, são oponíveis ao Estado, traduzem-se como faculdades ou atributos da pessoa e ostentam uma subjetividade que é seu traço mais característico; enfim, são direitos de resistência ou de oposição perante o Estado.

Portanto, o direito à liberdade – incluída a liberdade de locomoção, expressão, culto etc. –, tem seu reconhecimento já no século XVIII, com a consagração dos ideais liberais. E justamente por representar as ambições da classe burguesa, denota tal caráter "negativo", de omissão do Estado frente à esfera individual do cidadão.

Robert Alexy,[130] ao analisar o direito fundamental à liberdade, refere que, se entendido tal direito como sendo a garantia à liberdade geral de ação humana, duas consequências advirão. A primeira delas é o reconhecimento de que cada cidadão tem o direito de fazer ou deixar de fazer o que queira. Trata-se de norma de cunho permissivo. A segunda, diz respeito ao direito que cada parte tem frente ao Estado, de que não intervenham restrições no seu direito de agir ou deixar de agir.

No entanto, o mencionado autor não limita o direito fundamental à liberdade somente ao livre agir. Trata de incluir no conceito de liberdade também a proteção das situações e posições jurídicas, vez que assim, uma vez havendo intervenção nas situações ou posições jurídicas, certamente será afetada, ainda que indiretamente, a liberdade de ação. Assim, o direito geral de liberdade tem o caráter de um direito que protege direta e indiretamente (por meio de proteção de situações e posições jurídicas) a liberdade geral de ação.[131]

Portanto, o direito à liberdade, aqui considerado em seu sentido mais amplo, é um dos alicerces da positivação dos direitos fundamentais. Logo, é de fundamental importância a sua análise quando se está a tratar de instituto que possa mitigá-lo, como, no caso do presente trabalho, a prisão civil.

O que se pergunta, e aqui inicia nosso exercício hermenêutico, é se o direito fundamental à liberdade, pela importância que possui, pode ou não ser mitigado? Parece-nos que a resposta só pode ser dada frente a um caso concreto.

Assim, imaginemos a situação hipotética de um enfermo em estado terminal, que necessita com urgência de dada medicação cujo fornecimento é obrigatório pelo Estado. Uma vez negado tal medicamento, o nosso enfermo do exemplo propõe ação judicial com o pedido urgente de determinação para que lhe seja ministrado o remédio, único que tem o poder de lhe manter vivo. O juiz da causa provê o pedido e determina que seja fornecido o medicamento sob pena de multa. Não obstante a pena de multa, o agente do Estado, sem qualquer justificativa, nega-se peremptoriamente a fornecer o medicamento. A pergunta que se faz é se nesta es-

---

[130] ALEXY, Robert. *Teoría de los Derechos Fundamentales*. 2. ed. Madrid: Centro de Estudios Politicos y Constitucionales, 2007, p. 302.

[131] Nos dizeres do autor: Se puede fundamentar La inclusión de la protección de situaciones y posiciones jurídicas aduciendo que làs intervenciones en situaciones y posiciones jurídicas del titular de um derecho fundamentam afectam simpre indirectamente su libertad de acción.

pecial circunstância poderia o juiz lançar mão da prisão coercitiva como forma de premir o agente do Estado a fornecer tal remédio?

Vejam a complexidade da situação. De um lado, temos o enfermo, com a vida em risco e necessitando desesperadamente de um dado medicamento. De outro, temos um agente do Estado que, injustificadamente, mesmo após decisão judicial, deixa de fornecer o mencionado medicamento.

Afastando-se eventual aspecto criminal da conduta do agente público, limite-mo-nos a analisar a possibilidade ou não de imposição de prisão civil como "ameaça" para cumprimento da decisão judicial. Para tanto, há que se contraporem os "valores" envolvidos na contenda.

De um lado, temos o direito à vida do enfermo, a sua própria dignidade. De outro, o direito fundamental à liberdade do cidadão, no caso, o agente do Estado. Como solucionar o embate entre direitos fundamentais?

Dimitri Dimoulid e Leonardo Martins[132] sugerem que, em havendo colisão de direitos fundamentais, deva o intérprete valer-se da interpretação sistemática da Constituição, ou seja, sua interpretação enquanto conjunto que permite levar em consideração todas as disposições relacionadas com o caso concreto e entender quais são os parâmetros que o constituinte mesmo estabeleceu. Outrossim, referem como segundo critério, a proporcionalidade.

Juarez Freitas,[133] ao comentar acerca da interpretação, é preciso quando afirma que *a interpretação tópico-sistemática sempre opera hierarquizando princípios, regras e valores*. Vai além, referindo que a função do intérprete sistemático é a de "garantir a coexistência, ao máximo, dos valores, dos princípios e das normas estritas em conflito, hierarquizando de sorte a obter a maior concordância sistemática possível".

Nesse caso, em se tratando da prisão civil, é tarefa do intérprete a busca da harmonização dos princípios e direitos envolvidos, sempre buscando a preservação do sistema jurídico e seus valores. Nesse contexto, é perfeitamente factível que o resultado de tal ponderação (harmonização), seja a de que, em determinado caso concreto, como o do exemplo aqui trazido, o direito fundamental à liberdade deva ceder à proteção de outro direito fundamental, qual seja, a vida.

Assim, utilizando-se o "metacritério" da hierarquização axiológica, temos, para o exemplo, que o direito à liberdade cede espaço para preservação da vida, vez que esta, no sistema constitucional brasileiro possui valor maior que aquela. Não se quer dizer que a prevalência do direito à vida invalide o princípio da liberdade, mas somente que, no caso, frente à colisão entre ambos, o da liberdade cederá espaço à vida.

Portanto, parece claro que no caso hipotético que trabalhamos, poderia, ao menos em tese, o juiz determinar o fornecimento imediato da medicação sob pena

---

[132] DIMOLIUS, Dimitri; MARTINS, Leonardo. *Teoria Geral dos Direitos Fundamentais*. São Paulo: Revista dos Tribunais, 2007.

[133] FREITAS, Juarez. *A Interpretação Sistemática do Direito*. 4. ed. São Paulo: Malheiros, 2004, p. 221.

de prisão do agente público que se negou ao cumprimento da obrigação. Tal somente é possível frente à interpretação sistemática do direito, privilegiando-se a vida em detrimento, no caso concreto, do direito fundamental à liberdade. Hierarquizados os princípios, mantém-se a coerência do sistema com a predileção, no caso, a preservação da vida, princípio orientador de toda Constituição e estruturante do próprio Estado Democrático de Direito.

4.1.4. A dignidade da pessoa humana

Seguindo o percurso de abordagem acerca da possibilidade ou não de prisão civil na esfera constitucional brasileira, necessário abordar o tema dignidade da pessoa humana. Inegável que a ideia de encarceramento de alguém, por motivos não criminais (e, às vezes, até mesmo na esfera penal), tem potencial força ofensiva à própria dignidade da pessoa enquanto ser humano. A degradação do sistema prisional, a humilhação do cárcere, as condições sub-humanas de vida do detento, entre outras, leva, para consideração da constitucionalidade da prisão civil ou não, a análise detida da própria dignidade da pessoa humana e da possibilidade de até mesmo esta ser mitigada em caso de colisão com algum direito fundamental.

Assim, para que se possa expressar qualquer posição jurídica acerca da prisão civil, há que se ter em mente o conceito de dignidade da pessoa humana. Mais do que isso, é imperioso ter em mente o desenvolvimento histórico que alçou o homem de simples objeto a centro de seus próprios pensamentos, dentre os quais o próprio Estado e o Direito.

Ana Paula de Barcellos,[134] em amplo apanhado sobre o tema, aponta quatro momentos históricos primordiais no desenvolvimento do conceito de dignidade da pessoa humana. Seriam eles o cristianismo, o iluminismo, a obra de Immanuel Kant e os reflexos nefastos da Segunda Guerra Mundial.

O primeiro período apontado como relevante na construção do conceito da dignidade da pessoa humana é o cristianismo. A referida autora aponta, na palavra de Jesus Cristo e de seus seguidores, o gérmen da valorização individual do homem, visto que a salvação anunciada não só era individual, como também dependia de uma decisão pessoal. Mais que isso, Cristo enfatizava não apenas o indivíduo em si, mas também o valor do outro. Assim, por meio de sua pregação, propagava os sentimentos de solidariedade e piedade para com o próximo, principalmente com relação aos miseráveis, sentimentos estes que estão na base dos direitos sociais e de condições mínimas de existência.

Vários séculos depois, temos no movimento iluminista o desapego à religiosidade como centro do pensamento humano, adotando-se a razão em seu lugar. Com os ideais iluministas, principalmente a valorização da razão humana, elevada

---

[134] BARCELLOS, Ana Paula de. *A Eficácia Jurídica dos Princípios Constitucionais*. Rio de Janeiro: Renovar, 2004, p. 103-110.

ao centro do sistema de pensamento, bem como o desenvolvimento teórico do humanismo acabaram por redundar em um conjunto de consequências de grande importância para a "evolução" da ideia de dignidade da pessoa humana, como a preocupação com os direitos individuais do homem e o exercício democrático do poder.

Seguindo o curso histórico na busca dos fundamentos da dignidade da pessoa humana, de se destacar o pensamento de Immanuel Kant. O modo de Kant ver o homem é fundamental para o reconhecimento da dignidade da pessoa humana. Considerava que o homem é um fim em si mesmo, e não uma função do Estado, da sociedade ou da nação. Assim, o Direito e o Estado é que deverão estar organizados em benefício dos indivíduos, e não o oposto. Com essa concepção que Kant sustenta a necessidade de separação dos poderes e a generalização do princípio da legalidade como forma de assegurar aos homens a liberdade de perseguirem seus projetos individuais.

O último "trecho" histórico a ser abordado é também o mais impactante. Trata-se dos horrores perpetrados na Segunda Guerra e a forma como tal conflito transformou completamente as convicções que até então se tinha como universais. Ainda choca pensarmos que milhares de pessoas, de diversas nacionalidades, admitiram e apoiaram a ideia de extermínio puro e simples de seres humanos como política de governo válida. Talvez tenha sido na Segunda Guerra que a humanidade mostrou o seu lado mais perverso, perdendo total contato com o valor inerente à vida humana.

E não só os "agressores" despiram-se do respeito à vida, mas os próprios agredidos. Digno de registro a prática que era comum entre os líderes das comunidades judaicas, que negociavam a libertação de judeus mais importantes ou letrados em troca de judeus "comuns" como se uns valessem mais do que os outros.

Assim, a reação à barbárie do nazismo e do fascismo em geral levou, no pós--guerra, à consagração da dignidade da pessoa humana no plano internacional e interno como valor máximo dos ordenamentos jurídicos e princípio orientador da atuação do Estado e dos organismos internacionais. Vários países introduziram em suas Constituições a dignidade da pessoa humana como fundamento do Estado, tais como Alemanha, Portugal e Espanha, entre tantos outros.

Pois bem, apresentados os antecedentes históricos da dignidade da pessoa humana, cumpre conceituar o que seja, qual seu conteúdo jurídico. Neste particular, impossível não atentar ao fato de que a dignidade da pessoa humana está umbilicalmente ligada aos direitos fundamentais. Poder-se-ia, inclusive, afirmar que somente "terá respeitada sua dignidade o indivíduo cujos direitos fundamentais forem observados e realizados, ainda que a dignidade não se esgote neles".[135]

---

[135] BARCELLOS, Ana Paula de. *A Eficácia Jurídica dos Princípios Constitucionais*. Rio de Janeiro: Renovar, 2004, p. 111.

Sobre o conceito de dignidade da pessoa humana, pela precisão e clareza, necessária a transcrição das considerações de Ingo Wolfgang Sarlet:[136]

> O conceito que se propõe, vale repisar, representa uma proposta em processo de reconstrução, visto que já sofreu dois ajustes desde a primeira edição, com o intuito da máxima afinidade possível com uma concepção multidimensional, aberta e inclusiva de dignidade da pessoa humana. Assim sendo, temos por dignidade da pessoa humana a qualidade intrínseca e distintiva reconhecida em cada ser humano que o faz merecedor do mesmo respeito e consideração por parte do Estado e da comunidade, implicando, neste sentido, um complexo de direitos e deveres fundamentais que assegurem a pessoa tanto contra todo e qualquer ato de cunho degradante e desumano, como venham a lhe garantir as condições existenciais mínimas para uma vida saudável, além de propiciar e promover sua participação ativa e corresponsável nos destinos da própria existência e da vida em comunhão com os demais seres humanos, mediante o devido respeito aos demais seres que integram a rede da vida.

Pelo conceito de dignidade da pessoa humana apresentada por Ingo Wolfgang Sarlet, resta claro a vinculação desta com os direitos fundamentais, visto que somente com a aplicação e concretização destes é que se poderá realizar aquela. Isto quer dizer que apenas um Estado capaz de garantir a preservação e, mais que isso, a realização dos direitos fundamentais conseguirá assegurar a dignidade da pessoa humana. Pode-se dizer, portanto, que os direitos fundamentais têm origem na dignidade da pessoa humana e, em diferentes graus, possuem como fundamento também a própria dignidade. Ou seja, a dignidade é, com maior ou menor intensidade, fonte e conteúdo dos direitos fundamentais constitucionalmente consagrados.

Uma vez conceituada a dignidade da pessoa humana, cumpre abordar acerca da possibilidade ou não de sua relativização, pois se reconhecida a sua intangibilidade, forçosa a conclusão pela impossibilidade da prisão civil. O que se pretende, portanto, é verificar se existe possibilidade de desconsideração da dignidade, ou, ao menos, restrição a esta enquanto alguns de seus elementos.

A matéria está longe de ter trato pacífico na doutrina. A discussão que se põe é se seria possível restringir a dignidade da pessoa humana, uma vez que esta é princípio fundamental do qual decorrem diversos direitos fundamentais. Assim, em uma análise menos acurada, tendemos a dizer que o princípio da dignidade, justamente por ser a base de todos os direitos fundamentais e estar situada em posição hierarquicamente superior a estes, não toleraria, em hipótese alguma, qualquer limitação ou restrição.

Entretanto, o problema fica maior quando nos deparamos com o conflito entre "dignidades" de dois seres humanos distintos. Trazendo para o exemplo prático, vejamos o caso de um homicídio qualificado, praticado por uma pessoa com um histórico de violência e conduta transgressora reiterada. Estaria o Estado, neste

---

[136] SARLET, Ingo Wolfgang. *Dignidade da Pessoa Humana e Direitos Fundamentais na Constituição Federal de 1988.* 7. ed. Porto Alegre: Livraria do Advogado, 2009, p. 67.

caso, autorizado a encarcerá-lo, limitando a sua dignidade enquanto ser humano, face à superlotação dos presídios e péssimas condições de conservação da dignidade nas casas prisionais em nome da proteção da "dignidade" de todos os demais seres humano daquela coletividade?

Se respondermos que não, estaremos, ao menos em tese, expondo determinada sociedade aos riscos do convívio com um homicida de conduta reiteradamente violenta, o que pode culminar com o sacrifício da vida de um inocente em nome da preservação da dignidade de um ser humano que jamais teve uma conduta digna. Se respondermos que sim, estaremos admitindo que o princípio da dignidade da pessoa humana não é absoluto, permitindo restrições.

Outro exemplo que se pode citar é o do enfermo que sofre de grave moléstia incurável e que dia após dia tem degradada a sua condição de ser humano com o avanço da doença. Neste caso, em nome da dignidade da pessoa humana, poder-se-ia tolerar a eutanásia?

Note-se que são situações corriqueiras, que acontecem diuturnamente na nossa sociedade e que coloca em xeque tudo o que entendemos por dignidade da pessoa humana. Certamente tendemos a acreditar que em algumas hipóteses, o mais justo, sem entrarmos em discussões filosóficas acerca do conceito de justiça, é relativizarmos o princípio da dignidade da pessoa humana para preservação de valores outros, ou até mesmo da dignidade, só que de um grupo ou comunidade frente a uma pessoa.

A melhor solução, parece-nos, é a apontada por Ingo Wolfgang Sarlet.[137] Sustenta que a dignidade pessoal, ainda que possível de ser relativizada, possui um núcleo essencial intangível, qual seja, a vedação de que qualquer conduta importe na *coisificação ou instrumentalização do ser humano (que é fim e não meio)*.

Assim, para o nosso primeiro exemplo, de encarceramento do homicida reincidente, factível a prisão, mesmo tratando-se de limitação ou restrição da dignidade da pessoa humana, visto que afronta um de seus elementos que é a liberdade, desde que respeitado o núcleo essencial de dignidade, qual seja, que se garanta um mínimo de dignidade no encarceramento, com fornecimento de alimentação, água e condições de higiene para manutenção da vida. Por tal razão, necessidade de salvaguarda do núcleo de dignidade, que não se tolera penas cruéis, como tortura, trabalho forçado, entre outras.

Daí se dizer que a dignidade da pessoa humana, enquanto qualidade intrínseca do ser humano, não pode, em hipótese alguma, ser relativizada, ainda que em algumas hipóteses na sua condição de norma (princípio) possa.

Portanto, inegável que se for atribuída interpretação extensiva à dignidade da pessoa humana, não tolerando qualquer restrição ou imposição de limites, corre-se

---

[137] SARLET, Ingo Wolfgang. *Dignidade da Pessoa Humana e Direitos Fundamentais na Constituição Federal de 1988.* 7. ed. Porto Alegre: Livraria do Advogado, 2009, p. 148.

o risco de tornarem-se ineficazes os demais direitos fundamentais, que restariam esvaziados, assim como a própria dignidade.

Sendo assim, visto e conceituado o direito fundamental à liberdade, bem como o princípio fundamental da dignidade da pessoa humana e estabelecido que ambos podem, em certa medida, sofrerem restrições, cumpre, por derradeiro, adentrar especificamente ao ponto que nos propusemos analisar. Para tanto, no próximo item, será avaliada a possibilidade ou não de prisão civil no sistema constitucional brasileiro, levando-se sempre em consideração o que vimos de liberdade e dignidade da pessoa humana.

4.2. POSIÇÃO DA JURISPRUDÊNCIA

Por se tratar de instituto alheio a nosso ordenamento jurídico, pouco existe de produção jurisprudencial acerca da possibilidade de prisão civil por *contempt of court*. Conforme já demonstramos em momento anterior, com a alteração havida no artigo 14 do Código de Processo Civil, restou reconhecida a possibilidade de punição da parte ou terceiro que descumprir ordem judicial. No entanto, apenas há previsão da aplicação de multa, nada referindo quanto à prisão.

Assim, com relação à imposição de multa à parte recalcitrante em cumprir ordem judicial, é tranquila a jurisprudência. Tal não é a situação quando se trata da utilização da prisão civil coercitiva por *contempt of court*. Preferem os tribunais pátrios, em vez da aplicação direta da prisão por *contempt of court,* configurar o descumprimento de ordem judicial como crime, seja pelo tipo penal da desobediência ou, em alguns casos, prevaricação.

Como forma de demonstrar esta postura, faremos breve análise de decisão[138] do Superior Tribunal de Justiça, que, mesmo reconhecendo que a situação contida nos autos, moldava-se à doutrina do *contempt of court,* apresenta como procedimento correto a aferição do descumprimento e sua classificação como ilícito penal. Para melhor entendimento, transcrevemos a ementa do mencionado julgado:

> MANDADO DE SEGURANÇA. Desobediência a ordem judicial. Ofício ao Ministério Público. *Contempt of court.*
>
> Não constitui ato ilegal a decisão do Juiz que, diante da indevida recusa para incluir em folha de pagamento a pensão mensal de indenização por ato ilícito, deferida em sentença com trânsito em julgado, determina a expedição de ofício ao Ministério Público, com informações, para as providências cabíveis contra o representante legal da ré.
>
> Recurso ordinário improvido.

Tratava-se, portanto, de mandado de segurança impetrado pela parte que descumpriu a ordem judicial, insurgindo-se contra a decisão do juiz prolator da sentença descumprida de oficiar o Ministério Público quanto ao suposto crime de

---

[138] STJ. Quarta Turma. Recurso em Mandado de Segurança nº 9228-MG. Rel. Min. Ruy Rosado de Aguiar. DJ: 14/06/1999. – Inteiro teor como apêndice a este trabalho.

desobediência. Note-se a que ponto chegou o nível de desprezo pela autoridade judicial. Além de fazer pouco de sentença transitada em julgado, insurgiu-se a parte contra o meio utilizado pelo magistrado para tentar fazer valer a sua decisão.

Conhecendo da matéria, em interessante voto, o então Ministro Ruy Rosado de Aguiar flagrou a existência, na espécie, do que "o direito anglo-saxão conhece por *contempt of court*, de antiga origem e diversas espécies". No entanto, como tem sido a prática até hoje nos nossos tribunais, aponta como solução para os casos de desacato à ordem judicial a aplicação de multas ou acionamento do órgão competente para aferição de eventual ilícito penal. Demonstra o referido julgado, portanto, que a posição da jurisprudência é clara no sentido de que o juiz, ao deparar-se com devedor que insiste em não cumprir ordem judicial, não tem outro recurso que não seja aplicar multa e oficiar o Ministério Público. Do trecho do voto do relator, abaixo transcrito, fica evidente o tratamento que se dá no direito brasileiro para o descumprimento de ordem judicial:

> O direito anglo-saxão conhece o *contempt of court*, de antiga origem e diversas espécies (*Contempt of Court, Criminal and Civil*, Joseph H. Beale, Jr., Harvard Law Review, XXI, janeiro, 1908, 3, p.161), que permite à Corte punir imediatamente o ofensor, podendo inclusive determinar a sua custódia até que cumpra a ordem, como, por exemplo, o de produzir certo documento (*The Oxford Companion to the Supreme Court of The United States, Oxford University Press*, 1992, p.193). O procedimento tem sido questionado, especialmente quando se trata de *contempt in facie Curie*, a permitir que a mesma autoridade aplique a sanção, mas a verdade é que se conserva e é moderadamente aplicado.
>
> Na nossa história, não encontramos a tradição de reprimir imediatamente a desatenção ao selo real, daí porque o instituto nos é desconhecido. De acordo com a legislação em vigor, além das sanções de ordem processual, com indenizações e multas, o descumprimento de ordem do juiz poderá caracterizar ilícito penal, submetido ao procedimento próprio (O Aspecto Penal do Descumprimento às Decisões Judiciais de Natureza Mandamental. Agapito Machado, RT, 722/389; Prisão por Desobediência à Ordem Judicial, Hugo de Brito Machado, Revista Trimestral de Jurisprudência dos Estados, TRJE, 96/25). No caso dos autos, o juiz limitou-se a comunicar o fato da desobediência ao Ministério Público, e nisso não praticou nenhuma ilegalidade.

Evidente pelo julgado, que a jurisprudência pátria não tolera a prisão civil por *contempt of court*, ainda que esta tenha caráter coercitivo para efetivação de direitos. Apenas admite a punição pelo descumprimento da ordem judicial, mas na esfera penal.

Entretanto, a dificuldade que impera em tal procedimento e que torna totalmente inócua a tentativa de fazer valer a autoridade judicial pela "criminalização" do descumprimento está justamente no procedimento adotado a partir da Lei 9.099/95. É que o crime de desobediência, pela pena que prevê, é considerado de menor potencial ofensivo, conforme dispõe o artigo 61[139] da Lei 9.099/95, devendo processar-se de acordo com esta.

---

[139] Art. 61. Consideram-se infrações penais de menor potencial ofensivo, para os efeitos desta Lei, as contravenções penais e os crimes a que a lei comine pena máxima não superior a 2 (dois) anos, cumulada ou não com multa.

Somado a isso, o artigo 69,[140] parágrafo único da referida lei dispõe que o autor do fato, encaminhado ao juizado, uma vez comprometendo-se a ele comparecer, não será preso em flagrante, nem se exigirá fiança. Logo, no caso do crime de desobediência, bastará que o "desobediente" assuma o compromisso de comparecer ao Juizado que está livre da imposição da prisão, tornando sem qualquer força coercitiva a medida.

Sendo assim, adotou a jurisprudência pátria o caminho de manter a tradição da não imposição de prisão civil para os casos que não sejam aqueles excetuados na Constituição Federal. Ainda, relegou a "punição" daquele que descumpre ordem judicial à esfera criminal, que, por sua peculiaridade, não reprime na hora a ofensa à autoridade judicial pelo descumprimento de suas decisões, talvez contribuindo para crise de efetividade pela qual passamos nos dias de hoje.

4.3. (IN)VIABILIDADE DA APLICAÇÃO DO *CONTEMPT OF COURT* COMO FORMA DE EXECUÇÃO INDIRETA – ABERTURA DOS MEIOS EXECUTIVOS DO ARTIGO 461, § 5º, DO CPC

Na contemporaneidade, tema que tem trazido muitos problemas é o que diz respeito à concretização dos direitos, ou seja, à efetividade da tutela jurídica. Tanto é verdade, que no sistema brasileiro, a tutela jurídica efetiva foi alçada a direito fundamental do cidadão, contando com dispositivos constitucionais que garantem o amplo acesso à justiça e a duração razoável do processo, com meios que permitam a celeridade na sua tramitação.

Importante já de início referir que a tutela efetiva que deve ser garantida pelo Estado é tal qual como postulada pelo autor da demanda, se titular do direito material posto em causa. Isto quer dizer que o Estado deve estar aparelhado de mecanismos capazes de satisfazer integralmente os anseios daquele que demanda em juízo.

Já aqui identificamos o primeiro problema no que diz respeito à tutela efetiva, que dá ensejo à abordagem que queremos dar à prisão civil, qual seja, a em decorrência de *contempt of court*. Que meios ou técnicas processuais estão disponíveis ao juiz para que possa fornecer efetiva tutela judicial?

A pergunta é perfeitamente válida quando nos deparamos com um estado de coisas que se pauta pelo descumprimento das normas judiciais, falta de comprometimento com as obrigações assumidas, entre outras. Logo, o que parece ser o "nó górdio" da questão da efetividade da tutela jurisdicional é a capacidade do Ju-

---

[140] Art. 69. A autoridade policial que tomar conhecimento da ocorrência lavrará termo circunstanciado e o encaminhará imediatamente ao Juizado, com o autor do fato e a vítima, providenciando-se as requisições dos exames periciais necessários. Parágrafo único. Ao autor do fato que, após a lavratura do termo, for imediatamente encaminhado ao juizado ou assumir o compromisso de a ele comparecer, não se imporá prisão em flagrante, nem se exigirá fiança. Em caso de violência doméstica, o juiz poderá determinar como medida de cautela, seu afastamento do lar, domicílio ou local de convivência com a vítima.

diciário, em substituição ao autor da ação, entregar o que de direito, fazendo valer suas decisões.

O Código de Processo Civil prevê diversas técnicas para efetivação dos direitos, destacando-se como a de uso mais comum, a técnica da expropriação de bens quando se trata de execução de dar ou de pagar soma em dinheiro. O problema intensifica-se quando abordado sob a ótica das obrigações de fazer. Neste caso, técnica válida é a da sub-rogação, na qual se busca um terceiro para fazer às expensas do executado aquilo que este deveria ter feito.

Entretanto, existem obrigações que, por sua natureza, não permitem a utilização da técnica da sub-rogação. São as obrigações de caráter infungível, as quais, por características pessoais, só podem ser prestadas pelo obrigado. Justamente nesta modalidade de obrigação é que reside a dificuldade de efetivação da tutela específica, sem que se tenha simplesmente que converter em perdas e danos.

Técnica que vem sendo utilizada com grande sucesso é a execução indireta, por coerção. Aqui, no Brasil, como em diversos outros países, popularizou-se a utilização do modelo francês de coerção, com a imposição de *astreintes*. O que se vê, no entanto, é que, em muitos casos, nem mesmo a imposição de multa cominatória é capaz de premir o obrigado ao cumprimento de determinada obrigação ou ordem judicial.

Nesse contexto, é que se pergunta se seria possível a utilização da prisão civil como meio de coerção, uma vez verificado que o obrigado se encontra em *contempt of court* pela recalcitrância no cumprimento da determinação judicial? Afrontaria tal técnica processual o direito fundamental à liberdade e o princípio da dignidade da pessoa humana?

A doutrina nacional, em regra, entende impossível a utilização generalizada de prisão civil como meio de coerção, invocando para tanto a conhecida regra constitucional que só se refere à viabilidade de duas hipóteses de prisão civil, quais sejam, do devedor de alimentos e do depositário infiel. Portanto, ressalvadas as duas hipóteses previstas no texto constitucional, entende-se como inaplicável a prisão civil como técnica coercitiva.

Tal, no entanto, não é o entendimento uníssono. Parte minoritária da doutrina, através de consistente fundamentação, entende possível a utilização da prisão civil como técnica coercitiva, principalmente quando se refere à prisão por descumprimento de ordem judicial.

É o caso de Sérgio Cruz Arenhart.[141] Segundo o autor, o ponto de partida de toda discussão envolvendo a restrição da liberdade individual como meio coercitivo é a análise do artigo 5º, inciso LXVII, da Constituição Federal, que preceitua

---

[141] ARENHART, Sérgio Cruz. A prisão como meio coercitivo. In: TESCHEINER, José Maria Rosa; MILHORANZA, Mariângela Guerreiro; PORTO, Sérgio Gilberto. *Instrumentos de Coerção e Outros Temas de Direito Processual Civil* – Estudos em Homenagem aos 25 anos de Docência do Professor Dr. Araken de Assis. Porto Alegre: Forense, 2007, p. 634-651.

que "não haverá prisão por dívida", salvo a do responsável "pelo inadimplemento voluntário e inescusável de obrigação alimentícia e a do depositário infiel".

Refere o autor que o texto constitucional veda a prisão civil por dívida, mas não toda e qualquer prisão civil. Ou seja, considera que a prisão civil seja o gênero do qual a prisão por dívida se apresenta como espécie. Assim, utilizando-se como ponto de partida o fato de que a Constituição veda apenas a prisão civil (gênero) de espécie "dívida", passa a discorrer sobre a prisão cuja função seja coercitiva.

É justamente desta análise inicial da locução da norma constitucional que se detraem os argumentos daqueles que sustentam a viabilidade de prisão civil. A primeira consideração que fazem, diz respeito à inexistência, tanto na Constituição Federal quanto no próprio Pacto de San José da Costa Rica de vedação a todo e qualquer tipo de prisão civil. Como visto, teria sido limitada a proibição às hipóteses de dívida.

Ainda, e aqui nos parece que a fundamentação ganha corpo, a prisão que propõem como válida é aquela destinada à garantia da efetiva prestação jurisdicional, ou seja, que atue como elemento de pressão psicológica frente ao obrigado para que cumpra determinada ordem judicial. Não se trata, portanto, de prisão por dívida ou de natureza criminal, mas sim aquela com função exclusivamente coativa, tendente a estimular o ordenado ao cumprimento da determinação judicial, semelhante ao que ocorre nos casos de *contempt of court* no direito norte-americano.

Logo, para estes autores, e aqui incluímos, além de Sérgio Cruz Arenhart, Luiz Guilherme Marinoni[142] e Marcelo Lima Guerra,[143] a prisão civil, desde que não por dívida, pode ser utilizada, principalmente nos casos de descumprimento de ordem judicial. Tal seria para garantir o direito fundamental de tutela jurídica efetiva.

Ora, parece óbvio que para que o Estado possa fornecer a efetiva tutela jurisdicional, é necessário que esteja aparelhado com os meios executivos[144] capazes de

---

[142] Luiz Guilheme Marinoni já tratou mais de uma vez sobre o tema da prisão civil, sempre sob o enfoque da utilização da técnica processual mais adequada à satisfação do direito material. Assim, entende o autor que, se de um lado é obrigação do Estado e do juiz a realização do direito material postulado, deve ao juiz, por seu turno, ser possibilitada a utilização da técnica processual que melhor cumpra com tal finalidade. Assim, seria perfeitamente possível a utilização da prisão civil, vez que não proibida, no caso de utilização como técnica de coerção, pela Constituição Federal, bem como possibilitada pelo rol aberto das técnicas inscritas no artigo 461, § 5º, do CPC.

[143] Marcelo Lima Guerra, ao desenvolver o tema, utiliza dos mesmos argumentos de Sérgio Cruz Arenhart. Ver na CF/88 apenas a vedação à prisão por dívida, considerando possível a utilização desta como técnica de coerção.

[144] Sobre a necessidade de existência de meios executivos adequados a integral tutela executiva, bem como fundamentando a abertura do rol de meios executivos do artigo 461, § 5º, do CPC, citamos Marcelo Lima Guerra: "Mais concretamente, se pode afirmar que caracterizar como um direito fundamental a exigência de que haja meios executivos adequados a proporcionar uma integral tutela executiva de qualquer direito consagrado em título executivo, significa o seguinte: a) o juiz tem o poder-dever de interpretar as normas relativas aos meios executivos de forma a extrair delas um significado que assegure a maior proteção e efetividade ao direito fundamental à tutela executiva; b) o juiz tem o poder-dever de deixar de aplicar normas que imponham uma restrição a um meio executivo, sempre que tal restrição – a qual melhor caracteriza-se, insista-se, uma restrição ao direito fundamental à tutela executiva – não for justificável pela proteção devida a outro direito fundamental, que venha a prevalecer, no caso concreto, sobre o direito fundamental à tutela executiva; c) o juiz tem o poder-dever de adotar os meios

satisfazer o direito material postulado. Nesse contexto, por existirem direitos que somente poderão ser satisfeitos com a utilização da técnica da coerção pela prisão e não sendo esta vedada na Constituição ou em qualquer tratado internacional, é de plena aplicabilidade.

Ainda, é de se considerar que a prisão civil como técnica de coerção vem tendo sua aplicabilidade fundamentada no disposto no artigo 461, § 5º, do CPC. Expoente deste posicionamento é Luiz Guilherme Marinoni,[145] que prescreve:

> Não é errado imaginar que, em alguns casos, somente a prisão poderá impedir que a tutela seja frustrada. A prisão, como forma de coação indireta, pode ser utilizada quando não há outro meio para a obtenção da tutela específica ou do resultado prático equivalente. Não se trata, por óbvio, de sanção penal, mas de privação da liberdade tendente a pressionar o obrigado ao adimplemento. Ora, se o Estado está obrigado a prestar a tutela jurisdicional adequada a todos os casos conflitivos concretos, está igualmente obrigado a usar os meios necessários para que suas ordens (o seu poder) não fiquem à mercê do obrigado.

O artigo 461, § 5º, do Código de Processo Civil conferiu ao juiz o poder de impor medidas coercitivas inominadas, ou seja, não previstas em lei. O que se discute, portanto, é se dentre as medidas inominadas postas à disposição do juiz, poderia ele lançar mão da prisão civil por *contempt of court*. Teria o juiz poderes ilimitados na escolha dos meios de execução?

Marcelo Lima Guerra,[146] atento a este problema, refere que o uso arbitrário de poderes conferidos ao juiz é algo sempre vedado pelo ordenamento jurídico. Ainda, o fato do § 5º do artigo 461 do CPC, ter conferido poderes indeterminado ao juiz, para, em caráter complementar à lei, fixar os meios executivos, não significa dizer que o magistrado pode agir sem limitações. Deve, sim, ao utilizar-se da faculdade-dever conferida no referido dispositivo legal, fundamentar adequadamente a sua decisão, evidenciando a sua valoração quanto ao cabimento e à adequação da medida coercitiva adotada.

Certo é que, com a alteração perpetrada por meio do artigo 461, § 5º, do CPC, abandonou-se o dogma da tipicidade dos meios executivos, cabendo ao juiz utilizar aquele mais apto a viabilizar a tutela efetiva dos direitos. No entanto, segue valendo a máxima de que a execução deverá se dar da forma menos gravosa ao devedor. É justamente aí que está a medida na utilização dos meios inominados.

Assim, cabe ao juiz, de acordo com o caso concreto, utilizar os meios executivos capazes de efetivação do direito, escolhendo, em um grau de valores, os menos gravosos ao executado. Portanto, sempre que indicado um meio de execução,

---

executivos que se revelem necessários à prestação integral de tutela executiva, mesmo que não previstos em lei, e ainda que expressamente vedados em lei, desde que observados os limites impostos por eventuais direitos fundamentais colidentes relativo aos meios executivos". In GUERRA, Marcelo Lima. *Direitos Fundamentais e Proteção do Credor na Execução Civil*. São Paulo: Revista dos Tribunais, 2003, p. 103-104.

[145] MARINONI, Luiz Guilherme. *Novas linhas do processo civil*. O acesso à justiça e os institutos fundamentais do direito processual. 2. ed. São Paulo: Malheiros, 1996, p. 87-88.

[146] GUERRA, Marcelo Lima. *Execução Indireta*. São Paulo: Revista dos Tribunais, 1998, p. 167.

caberá ao juiz, na fundamentação da sua decisão, explicitar as razões que o levaram a escolher aquele meio, possibilitando o controle crítico das suas escolhas.

A prisão, por certo, é o mais excepcional de todos os meios de coerção, sendo possível a sua utilização somente nos casos em que a multa ou os meios de execução direta mostram-se incapazes de levar à tutela do direito. De se referir que inaplicável quando a obrigação for de disposição de patrimônio (ou gasto de dinheiro).[147]

Poder-se-ia, por outro turno, se dizer que a prisão civil, ainda que como técnica coercitiva para fornecimento de tutela efetiva, ou por *contempt of court*, afronta o direito fundamental à liberdade e o princípio da dignidade da pessoa humana. Certo é que, na maioria das vezes, efetivamente afronta tais princípios e direitos, não podendo ser utilizada. Entretanto, em especialíssimas situações, poderá fazer com que o direito fundamental á liberdade e até mesmo a própria dignidade (desde que não ofendida no seu núcleo) sejam relativizados. Explicamos.

Por envolver o "choque" de princípios e direitos fundamentais, em que de um lado está o direito fundamental à tutela judicial efetiva e, de outro, o direito à liberdade e o princípio da dignidade da pessoa humana, a aferição da possibilidade ou não de prisão civil por *contempt of court* deve ser feita diante do caso concreto.

Existem situações em que a prisão civil poderá favorecer, além do próprio direito de tutela judicial efetiva, a realização de outros direitos fundamentais, tais como a proteção ao meio ambiente, à saúde, à privacidade, à integridade física e à própria vida do "credor". Portanto, mesmo estando certo de que o artigo 5°, LVII, da CF/88, bem como o direito à liberdade e à própria dignidade da pessoa humana representam direitos fundamentais, podem estes se oporem à realização de outros direitos fundamentais, o que por certo trará enormes dificuldades hermenêuticas, que deverão ser solucionadas pela aplicação do princípio da proporcionalidade e interpretação tópico-sistemática, conforme já tivemos possibilidade de abordar.

---

[147] MARINONI, Luiz Guilherme. *Técnica Processual e Tutela dos Direitos*. 2. ed. São Paulo: Revista dos Tribunais, 2008, p. 213.

Conclusão

Muito se tem escrito acerca da necessidade de conferir maior efetividade ao processo. Entretanto, frente ao caso concreto, não são poucas as dificuldades que se impõe ao operador do direito quando necessário, na busca de tal efetividade, interpretar princípios ou normas que estão em contradição. Tal ocorre, por exemplo, quando estamos diante do tema prisão civil, vez que o encarceramento de um indivíduo sempre leva à mitigação de princípios ou direitos fundamentais.

A questão ganha relevo e complexidade quando se busca analisar a possibilidade de "importação" de instrumento jurídico utilizado na *common law,* qual seja, o *contempt of court,* como forma de efetivação de direitos. Conforme demonstramos ao longo do presente trabalho, o *contempt of court,* sem tradução para o português, significa o desrespeito, desacato ao juiz ou à corte. Pode se dar tanto pela via direta, na presença do juiz ou tribunal, ou indireta, longe dos olhos do magistrado. Ainda, pode ser civil, quando visa a coagir determinada pessoa a atender a um comando judicial ou criminal, na medida em que simplesmente pune aquele que descumpriu a ordem exarada pelo juiz.

Trata-se de medida corriqueiramente utilizada nos países da *common law,* incluindo entre os seus meios de sanção, além da multa, também a prisão civil. O que se demonstrou no presente estudo, é que o Brasil, de certa forma, já possui, em sua legislação, previsão de penalidade para aquele que incorrer em *contempt of court.* Tal penalidade está descrita no parágrafo único do artigo 14 do Código de Processo Civil, sendo esta a pena de multa.

No entanto, o que nos levou à elaboração do presente trabalho não foi a hipótese de aplicação da sanção pecuniária pelo desrespeito a mandamento judicial. Nossa intenção foi verificar a possibilidade de aplicação da prisão civil por *contempt of court* como forma de coerção para efetivação de direitos.

A Constituição Federal de 1988, ao enfrentar o tema prisão civil, previu apenas duas hipóteses de encarceramento, quais sejam, a do depositário infiel e do devedor de alimentos. Ainda, o Pacto de San José da Costa Rica, do qual o Brasil é signatário, limitou a hipótese de prisão aos casos de dívida de alimentos.

Nesse contexto, a jurisprudência dos tribunais brasileiros passou a não mais tolerar a prisão do depositário infiel, limitando-se o encarceramento ao devedor de alimentos, em situações especialíssimas. No entanto, parte da doutrina, capitaneada por Luiz Guilherme Marinoni, entende que outro tipo de prisão civil é possível. A prisão como forma de coerção para cumprimento de determinação judicial, a nosso ver, instituto semelhante ao *civil contempt*.

O que essa corrente doutrinária sustenta, como vimos, é que tanto a Constituição Federal, quanto o Pacto de San José proíbem apenas uma espécie de prisão civil, a por dívidas. Assim, em tese, não haveria vedação normativa para utilização de outra espécie de prisão civil, como, por exemplo, a de natureza coercitiva (*contempt of court*).

No presente trabalho, tratamos de apresentar com alguma clareza a origem e evolução histórica do instituto do *contempt of court* tanto no cenário internacional (América do Norte) quanto nacional. Vimos que o Brasil já utiliza dos conceitos do *contempt of court,* desde que incorporou a sua legislação a possibilidade de punição das partes, ou terceiros pelo descumprimento de ordem judicial (artigo 14, parágrafo único, do CPC).

No entanto, pouco ou nada há de doutrina que trate da aplicação do *civil contempt,* que, como vimos, é a técnica utilizada para coagir determinada pessoa a cumprir um mandamento judicial, sob pena, inclusive, de prisão. Normalmente aqueles que tratam do tema apenas referem, superficialmente, que, no Brasil, a prisão por dívidas é vedada. Em verdade, não abordam a possibilidade da prisão por desrespeito à corte, salvo honrosas exceções já citadas, como Luiz Guilherme Marinoni, Marcelo Lima Guerra e Sérgio Cruz Arenhart.

Conforme tivemos a possibilidade de demonstrar, há, sim, campo para aplicação da prisão civil por *contempt of court* no Brasil como forma de efetivação de direitos. Para tanto, é necessário contrapor o que seriam as razões que impedem a prisão civil aos argumentos que a admitem. Assim, identificamos a antinomia existente. A primeira análise feita diz respeito ao direito fundamental à tutela jurídica efetiva em contraposição às disposições do Pacto de San José da Costa Rica. A seguir, analisou-se o direito fundamental à liberdade. Posteriormente, estudou-se a dignidade da pessoa humana e a possibilidade da sua mitigação.

Levando-se em conta tais direitos fundamentais, a conclusão a que se chega é que a prisão civil por *contempt of court* somente é possível se atuar como meio de coação e em defesa da realização de outros direitos fundamentais. Ou seja, se para que o juiz possa realizar um ou mais direitos fundamentais tenha que necessariamente se valer da prisão civil por *contempt of court.*

É necessário que, em um juízo de ponderação entre o direito de liberdade e a dignidade frente a demais direitos fundamentais postos em risco, mostre-se mais harmonioso para o sistema que cedam a liberdade e dignidade em detrimento da efetivação das outras garantias. Portanto, somente diante do caso concreto poderá o juiz fazer uso da prisão por *contempt of court,* visto que necessário sopesar se a única forma de efetivação do direito posto em causa é o remédio extremo da prisão, bem como se para a saúde do sistema devem prevalecer os direitos postulados em juízo ou a liberdade e dignidade daquele que descumpriu a ordem judicial.

Assim, demonstrou-se que é possível o juiz fazer uso da prisão civil por *contempt of court,* em casos extremos, como forma de coerção para atendimento de provimento judicial que visa a salvaguardar direitos de igual ou maior magnitude que a liberdade. O fundamento legal para tal utilização é o próprio artigo 461, § 5º, do CPC, que abriu a possibilidade de o magistrado utilizar de todos os meios necessários para efetivação da medida judicial, entre elas, inclusive, a prisão.

Por certo que os poderes de escolha do juiz sobre a técnica executiva a ser utilizada encontra limitações. A primeira delas é a necessidade de fundamentar a sua decisão, dando oportunidade para impugnação do meio executivo eleito. Outrossim, deverá respeitar o disposto no artigo 620 do CPC, que dispõe que, quando por vários meios for possível promover a execução, far-se-á pelo meio menos gravoso ao devedor. Portanto, em determinado momento, poderá o magistrado utilizar o meio coercitivo da prisão por *contempt of court,* inclusive mitigando direitos fundamentais como a liberdade e a dignidade.

É que nem mesmo o direito fundamental à liberdade ou o princípio da dignidade da pessoa humana são absolutos, intangíveis. Em especialíssimas situações, quando deparados com outros direitos fundamentais da mesma grandeza, podem ser mitigados, como, por exemplo, nos casos de prisão civil coercitiva com vista à preservação da natureza, ou da vida, exemplos utilizados ao longo do presente trabalho.

No entanto, e que fique registrado, em que pese possa ser mitigado até mesmo o princípio da dignidade da pessoa humana, possui este um "núcleo duro" do qual não podemos nos afastar. Isto quer dizer que, no caso de encarceramento, por exemplo, por certo há mitigação do mencionado princípio. No entanto, é dever do Estado proporcionar, mesmo para o encarcerado, o mínimo necessário para que se garanta a sua dignidade, o "núcleo duro" a que nos referimos. Não sendo assim, seria impossível não só a prisão civil por *contempt of court* como a prisão penal ou de qualquer natureza que se possa imaginar.

MULTA E PRISÃO CIVIL

Referências

ALEXY, Robert. *Teoría de los Derechos Fundamentales*. 2. ed. Madrid: Centro de Estudios Politicos y Constitucionales, 2007.

ALVIM, Agostinho. *Da inexecução das obrigações e suas conseqüências*. 5. ed. São Paulo: Saraiva, 1980.

ALVIM, Arruda. Interpretação da sentença liquidanda – fidelidade ao seu sentido original – multa convencional e *astreintes* – diferenças e limites, *Revista de Processo*, São Paulo, n. 77, ano 20, p.177-187, jan-mar 1995.

——. *Manual de direito processual civil*. 8. ed. São Paulo: Revista dos Tribunais, 2003.

——. Obrigações de Fazer e Não Fazer – Direito Material e Processo, *Revista de Processo*, São Paulo, n. 99.

ALVIM, Thereza Arruda. A tutela específica do art. 461, do Código de Processo Civil, *Revista de Processo*, São Paulo, n. 80, ano 20, out-dez 1995.

AMARAL, Guilherme Rizzo. *As Astreintes e o Processo Civil Brasileiro*. Porto Alegre: Livraria do Advogado, 2004.

——. *Cumprimento e Execução da Sentença sob a ótica do formalismo-valorativo*. Porto Alegre: Livraria do Advogado, 2008.

ARENHART, Sérgio Cruz. A prisão como meio coercitivo. In: TESCHEINER, José Maria Rosa; MILHORANZA, Mariângela Guerreiro; PORTO, Sérgio Gilberto. *Instrumentos de Coerção e Outros Temas de Direito Processual Civil* – Estudos em Homenagem aos 25 anos de Docência do Professor Dr. Araken de Assis. Porto Alegre: Forense, 2007.

ASSIS, Araken de. *Comentários ao Código de Processo Civil*. São Paulo: Letras Jurídicas, 1985.

——. Cumprimento da Sentença. Rio de Janeiro: Forense, 2009.

——. *Da Execução de Alimentos e Prisão do Devedor*. 3. ed. São Paulo: Revista dos Tribunais, 1996.

——. *Execução Civil nos Juizados Especiais*. São Paulo: Revista dos Tribunais, 1986.

——. Execução forçada e efetividade do processo, *Consulex*, Brasília, v. 48, 2000. Disponível em: <http://www.faceb.edu.br/faceb/RevistaJuridica/m48-014.htm>. Acesso em: 11 abr. 2009.

——. *Manual da Execução*. 12. ed. São Paulo: Revista dos Tribunais, 2009.

——. *O contempt of court no Direito Brasileiro*. Porto Alegre: Revista Jurídica, 2004.

ÁVILA, Humberto. *Teoria dos Princípios – da definição à aplicação dos princípios jurídicos*. 9. ed. São Paulo: Malheiros, 2009.

AZEVEDO, Álvaro Villaça. *A Prisão civil por dívida*. 2. ed. São Paulo: Revista dos Tribunais, 2000.

BARBOSA MOREIRA, José Carlos. O processo civil brasileiro: uma apresentação. In: *Temas de direito processual* – 5ª série. São Paulo: Saraiva, 1994.

BARCELLOS, Ana Paula de. *A Eficácia Jurídica dos Princípios Constitucionais*. Rio de Janeiro: Renovar, 2004.

BARROSO, Luís Roberto. *Interpretação e Aplicação da Constituição*. 3. ed. São Paulo: Saraiva, 1999.

BASTOS, Celso Ribeiro. *Comentários à Constituição do Brasil*. São Paulo: Saraiva, 1989, v. 2.

BEDAQUE, José dos Santos. *Tutela Cautelar e Tutela Antecipada*. São Paulo: Malheiros, 1998.

BERMUDES, Sergio. *A Reforma do Código de Processo Civil*. Rio de Janeiro: Freitas Bastos, 1995.

BEVILAQUA, Clóvis. *Código Civil*. Rio de Janeiro: Editora Rio, 1976.

BONAVIDES, Paulo. *Curso de Direito Constitucional*. 16. ed. São Paulo: Malheiros, 2005.

CANOTILHO, José Joaquim Gomes. *Estudos sobre Direitos Fundamentais*. Coimbra: Coimbra Editora, 2004.

CARNEIRO, Athos Gusmão. *Da antecipação da tutela no Processo Civil*. 2. ed. Rio de Janeiro: Forense, 1999.

———. Das Astreintes nas obrigações de fazer infungíveis, *Revista da AJURIS*, v. 14, Porto Alegre, 1978.

CARPENA, Márcio Louzada. *Do processo cautelar moderno*. Rio de Janeiro: Forense, 2003.

CARVALHO, Fabiano. Execução da Multa (Astreinte) Prevista no Art. 461 do CPC. Repro 114. São Paulo: Revista dos Tribunais, 2004.

CARVALHO, Ivan Lira de. O descumprimento de ordem judicial por funcionário público, *AJURIS*, v. 62, Porto Alegre, 1994.

CASTRO, Amílcar de. *Comentários ao Código de Processo Civil*. São Paulo: Revista dos Tribunais, 2000.

CAVALCANTE, Mantovanni Colares. A Antecipação de Tutela contra Fazenda Pública, *Revista Trimestral de Jurisprudência dos Estados – RTJE*, v. 166, ano 22, São Paulo, 1988.

CHABA, François. L' astreinte em Droit Français, *Revista de Direito Civil*, São Paulo, n. 69, 1994.

COSTA, Dilvanir José da. A execução das obrigações de dar, fazer e de não fazer no direito brasileiro e no direito comparado, *Revista Forense*, v. 348, Rio de Janeiro, 1999.

COUTURE, Eduardo. *Fundamentos dei Derecho Procesal Civil*. 3. ed. Buenos Aires: Depalma, 1988.

CRUZ, Álvaro Ricardo de Souza. Processo Constitucional e a Efetividade dos Direitos Fundamentais. In: SAMPAIO, José Adércio Leite; CRUZ, Álvaro Ricardo de Souza. *Hermenêutica e Jurisdição Constitucional*. Belo Horizonte: Del Rey, 2001.

DANGEL, Edward M. *National Lawyer's Manual of Contempt, including civil and criminal contempts*. Boston: National Lawuer's Manual Company, 1939.

DIMOLIUS, Dimitri; MARTINS, Leonardo. *Teoria Geral dos Direitos Fundamentais*. São Paulo: Revista dos Tribunais, 2007.

DINAMARCO, Cândido Rangel. *Execução Civil*. 8 ed. São Paulo: Malheiros, 2000.

———. *A Reforma do Código de Processo Civil*. São Paulo: Malheiros, 1995.

DOBBYN, John F. *Injuntions*. Saint Paul: West Publishing, 1974.

DUARTE, Francisco Carlos. Medidas Coercitivas cíveis e efetividade da tutela jurisdicional, *Revista de Processo*, n. 70, ano 18, São Paulo, abr.-jun. 1993.

FABRÍCIO, Adroaldo Furtado. *Comentários ao Código de Processo Civil*. v. VIII, 8.ed., Rio de Janeiro: Forense, 2001.

FACHIN, Luiz Edson. Redução da multa imposta por não-cumprimento tempestivo de ordem judicial – Incidência do § 6°, do art. 461 do CPC que autoriza a qualquer, a revisão da multa – Princípio da vedação do enriquecimento sem causa, *Revista Forense*, v. 392. Rio de Janeiro: Forense, 2007.

FERREIRA FILHO, Manoel Gonçalves. *Comentários à Constituição Brasileira*. 6. ed. São Paulo: Saraiva, 1986.

FIGUEIRA JÚNIOR, Joel Dias. *Comentários à novíssima reforma do CPC*: Lei 10.444, de 07 de maio de 2002. Rio de Janeiro: Forense, 2002.

FINCATO, Denise Pires. *A Pesquisa Jurídica Sem Mistérios*: Do Projeto de Pesquisa à Banca. Porto Alegre: Nota Dez, 2008.

FREITAS, Juarez. *A Interpretação Sistemática do Direito*. 4. ed. São Paulo: Malheiros, 2004.

FRIEDMAN, Lawrence M. *Storia Del Diritto Americano*. Milão: Dott. A. Giuffrè Editore, 1995.

GALUPPO, Marcelo Campos. Hermenêutica Constitucional e Pluralismo. In: SAMPAIO, José Adércio Leite; CRUZ, Álvaro Ricardo de Souza. *Hermenêutica e Jurisdição Constitucional*. Belo Horizonte: Del Rey, 2001.

GOLDFARB, Ronald L. *The contempt of court*. New York: Columbia University Press, 1963.

GRINOVER, Ada Pellegrini. Tutela jurisdictional nas obrigações de fazer e de não fazer, *Revista de Processo*, n. 79, ano 20, São Paulo, jul.-set. 1995.

——. *A Marcha do Processo*. Rio de Janeiro: Forense, 2000.

GUERRA, Marcelo Lima. *Execução Indireta*. São Paulo: Revista dos Tribunais, 1998.

——. *Direitos Fundamentais e Proteção do Credor na Execução Civil*. São Paulo: Revista dos Tribunais, 2003.

LIEBMAN, Enrico Tullio. *Processo de Execução*. 5. ed. São Paulo: Saraiva, 1986.

LIMA, Alcides de Mendonça. *Comentários ao Código de Processo Civil*. Rio de Janeiro: Forense, 1974, v. VI.

LOWE, Nigel; SUFRIN, Brenda. *The Law of contempt*. 3. ed. London: Butterworths, 1996.

MARINONI, Luiz Guilherme. A execução da Tutela Antecipatória de Pagamento de Soma Sob Pena de Multa, *Revista de Direito Processual Civil*, n. 4, 1997.

——. Efetividade do processo e a tutela antecipada, *Revista dos Tribunais*, v. 706, ano 83, São Paulo, 1994.

——. *Novas linhas do processo civil*. O acesso à justiça e os institutos fundamentais do direito processual. 2. ed. São Paulo: Malheiros, 1996.

——. Observações sobre tutela antecipatória, *Revista de Processo*, n. 79, ano 20, São Paulo, 1995.

——. *Técnica Processual e Tutela dos Direitos*. 2. ed. São Paulo: Revista dos Tribunais, 2008

——. *Tutela Específica arts 461, CPC 3 84, CDC*. 2. ed. São Paulo: Revista dos Tribunais, 2001.

——. A reforma do Código de Processo Civil e a efetividade do processo: tutela antecipatória, tutela monitória e tutela das obrigações de fazer e de não fazer, *Gênesis, revista de Direito Processual Civil*, Curitiba, jan.-abr. 1996.

MARQUES, José Frederico. *Manual de Direito Processual Civil*. São Paulo: Saraiva, 1976, v. IV.

MEZZAROBA, Orides; MONTEIRO, Cláudia Servilla. *Manual de Metodologia da Pesquisa no Direito*. São Paulo: Saraiva, 2003.

MILLER, Christopher John. *Contempt of Court*. Oxford: Clarendom Press, 1989.

MIRANDA, Jorge. *Manual de Direito Constitucional*. 2. ed. Coimbra: Coimbra Editora, 2005, tomo VI.

MIRANDA, Pontes de. *Comentários ao Código de Processo Civil*. Rio de Janeiro: Forense, v.8, 1977.

——. *Comentários ao Código de Processo Civil*. Rio de Janeiro: Forense, 1947, v. X.

——. *Tratado de Direito Privado*. Rio de Janeiro: Borsoi, 1971, v. 4, 24, 27.

MOREIRA, José Carlos Barbosa. *Aspectos da "Execução" em Matéria de Obrigação de Emitir Declaração de Vontade*. Rio de Janeiro: Forense, 1996.

——. *O novo processo civil brasileiro*. 22 ed. Rio de Janeiro: Forense, 2005

——. *Tutela Sancionatória e Tutela Preventiva*, Temas de Direito Processual. São Paulo: Saraiva, 1988.

OLIVEIRA, Carlos Alberto Alvaro de. *A Tutela de Urgência e o Direito de Família*. São Paulo: Saraiva, 2000.

——. Efetividade e Processo Cautelar, *Revista da Faculdade de Direito da Universidade Federal do Rio Grande do Sul*, Porto Alegre, v.10, 1994.

OLIVEIRA, Francisco Antônio. As "Astrintes" e sua eficácia moralizadora, *Revista dos Tribunais*, São Paulo, v. 508, ano 67, fev. 1978.

OSWALD, James Francis. *Contempt of Court, committal and attachment and arrest upon civil process in the Supreme Court judicature*. Holmes Beach: Gaunt Inc., 1997.

——. *The contempt of court committal and attachment and arrest upon civil process in the Supreme Court Judicature*. London: William Clowes and Sons Limited, 1892.

PASQUEL, Roberto Molina. *Contempt of Court, Correciones disciplinares y medios de apremios*. Buenos Aires: Fondo de cultura econômica, 1954.

PORTO, Sérgio Gilberto; USTÁRROZ, Daniel. *Lições de Direitos Fundamentais no Processo Civil*: o conteúdo processual da Constituição Federal. Porto Alegre: Livraria do Advogado, 2009.

——. *As Garantias do Cidadão no Processo Civil* – Relações entre Constituição e Processo. Porto Alegre: Livraria do Advogado, 2003.

——. *Doutrina e Prática dos Alimentos*. 3 ed. São Paulo: Revista dos Tribunais, 2003.

——. Sobre a classificação de ações, sentenças e coisa julgada, *Revista Direito e Justiça*, v. 16, anos XV e XVI.

——; USTÁRROZ, Daniel. *Tendências Constitucionais no Direito de Família* – Estudos em homenagem ao Prof. José Carlos Teixeira Giorgis. Porto Alegre: Livraria do Advogado, 2003.

RESTAINO, Nicola. *L'esecuzione Coattiva in Forma Specifica*. Roma: Il Nuovo Diritto, 1948.

ROCHA, Heloisa helena Nascimento. Elementos para uma Compreensão Constitucionalmente Adequada dos Direitos Fundamentais. In: CATTONI, Marcelo. *Jurisdição e Hermenêutica Constitucional*. Belo Horizonte: Mandamentos, 2004.

SANTOS, Moacyr Amaral. *Primeiras Linhas de Direito Processual Civil*. 6. ed. São Paulo: Saraiva, 1983.

SARLET, Ingo Wolfgang. *A Eficácia dos Direitos Fundamentais – Uma Teoria Geral dos Direitos Fundamentais na Perspectiva Constitucional*. 10. ed. Porto Alegre: Livraria do Advogado, 2009.

——. *Dignidade da Pessoa Humana e Direitos Fundamentais na Constituição Federal de 1988*. 7. ed. Porto Alegre: Livraria do Advogado, 2009.

SIDOU, J.M. *Abductus – A situação jurídica do "Presus" "per manus iniectionem" em face dos preceitos tabulários*. Recife: Editora Câmbio, 1962.

SILVA, João Calvão da. *Cumprimento e Sanção Pecuniária Compulsória*. 2. ed. Coimbra, 1997.

SILVA, Ovídio Araújo Baptista da. *Curso de Processo Civil*. 4 ed. rev. e atual. São Paulo: Revista dos Tribunais, 2000, v. 2.

SOUZA, Gelson Amaro de. Prisão do depositário judicial – uma prisão costumeira no Terceiro Milênio, *Revista Dialética de Direito Processual*, n. 19, p.9-24, 2004.

SOUZA, Hersilio de. *Novos Direitos e Velhos Códigos*. Recife: Importadora. Industrial, 1924.

SOUZA, Mario Guimarães de. Da prisão Civil, *Jornal do Commercio*, Recife, 1938.

STOCO, Rui. *Abuso do direito e má-fé processual*. São Paulo: Revista dos Tribunais, 2002.

TALAMINI, Eduardo. *Tutela relativa aos deveres de fazer e não fazer*. São Paulo: Revista dos Tribunais, 2001.

TARUFFO, Michele. *A atuação executiva dos direitos*: Perfis Comparatísticos, *Revista de Processo*, São Paulo, n. 59, 1990.

TEIXEIRA, Guilherme Puchalski. *Tutela Específica dos Direitos – Obrigações de Fazer, Não Fazer e Entregar Coisa*. Porto Alegre: Livraria do Advogado, 2011.

TESHEINER, José Maria Rosa. *Nova Sistemática Processual Civil*. Caxias do Sul: Plenum, 2006.

——. Prisão civil e depósito judicial, *Revista da Faculdade de Direito de Porto Alegre*, Porto Alegre, n. 1, ano VI, 1972.

WAMBIER, Luis Rodrigues. O *Contempt of Court* na Recente Experiência brasileira: Anotações a Respeitos da Necessidade Premente de se Garantir Efetividade às Decisões Judiciais. In: MARINONI, Luiz Guilherme (Coord.). *Estudos de Direito Processual Civil* – Homenagem ao Professor Egas Dirceu Moniz de Aragão. São Paulo: Revista dos Tribunais, 2005.

WAMBIER, Teresa Arruda Alvim. Impossibilidade de decretação de pena de prisão como medida de apoio, com base no art. 461, para ensejar o cumprimento da obrigação *in natura*. *Repro* 112. São Paulo: Revista dos Tribunais, 2003.

ZAVASCKI, Teori Albino. *Antecipação de Tutela*. São Paulo: Saraiva, 1997.

——. *Comentários ao Código de Processo Civil*. São Paulo: Revista dos Tribunais, 2000.